本书受"2019年度嘉兴学院第二期人文社科青年学术骨干专项课题"资助

英汉学术语篇回指语研究

A Contrastive Study of
Anaphors in English and
Chinese Academic Discourses

潘宁宇◎著

U0367022

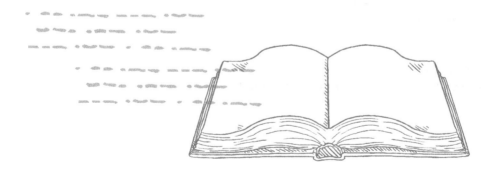

上海交通大学出版社
SHANGHAI JIAO TONG UNIVERSITY PRESS

内容提要

本书以英汉学术期刊论文为语料,对学术语篇中的零形回指、代词回指和名词短语回指进行了系统的分析和研究。结果发现,英汉学术语篇均倾向于名词短语回指形式,这种倾向性和语篇体裁的特殊性有很大关联,还发现英语语篇更倾向于选择代词回指形式,而汉语语篇更倾向于零形回指形式。本书适合语言学相关领域的研究者使用。

图书在版编目(CIP)数据

英汉学术语篇回指语研究/潘宁宇著.—上海:
上海交通大学出版社,2022.10
 ISBN 978 - 7 - 313 - 27327 - 7

 Ⅰ.①英… Ⅱ.①潘… Ⅲ.①英语—语法—研究
Ⅳ.①H314

 中国版本图书馆 CIP 数据核字(2022)第 164950 号

英汉学术语篇回指语研究
YINGHAN XUESHU YUPIAN HUIZHIYU YANJIU

著　　者:潘宁宇

出版发行:上海交通大学出版社	地　　址:上海市番禺路 951 号
邮政编码:200030	电　　话:021 - 64071208
印　　制:上海万卷印刷股份有限公司	经　　销:全国新华书店
开　　本:710mm×1000mm　1/16	印　　张:11.25
字　　数:208 千字	
版　　次:2022 年 10 月第 1 版	印　　次:2022 年 10 月第 1 次印刷
书　　号:ISBN 978 - 7 - 313 - 27327 - 7	
定　　价:68.00 元	

Preface 序

潘宁宇的新著即将出版,我深感欣慰!他是我的博士生,2014 年他到复旦大学攻读博士学位,2018 年顺利毕业。通过这些年来的相处,我对其人品和学术颇为了解:他为人处世忠厚老实,在学术研究中勤恳踏实。应该说,他是一个既能低头拉车,又能抬头看路的人。

回指研究源于西方的哲学和逻辑学。从 20 世纪 70 年代开始,回指现象成为现代语言学理论研究的重要课题之一,吸引了不同流派、不同学科背景的学者进行研究。在近 50 年的研究历程中,回指研究的范围从句内回指扩展到了语篇回指,分析框架涉及句法学、语用学、功能语法、认知语言学等不同语言学领域。特别是随着认知语言学的兴起,越来越多的学者认同回指语的选择和认知记忆关系密切,认知语言学视角下的回指研究是近些年来的一个趋势。本书的研究方向符合语言学发展的大方向,研究语料是比较新颖的学术语篇,其理论意义也就不言而喻了。

本书吸收了可及性标示分析模型和回指认知激活计算分析模型,提出了多因素回指形式选择倾向分析模型,并用该理论模型分析了 60 篇学术论文语料以及 12 篇故事语料。通过实证研究,本书发现了学术语篇中不同形式回指语分布的特征,并从认知视角进行了解释,让我们能够更加全面地认知不同体裁语篇中的回指现象。

如果说本书还有什么可以进一步改进的地方,我认为,对影响回指形式选择因素的探讨可以引入更深度的量化分析。希望作者积极关注认知科学的前沿,利用新的学术成果,进一步完善分析模型。

最后,借为潘宁宇新著作序之机,祝愿我国的语言学研究事业蒸蒸日上。

蔡基刚

2022 年 2 月 25 日

Foreword 前 言

　　回指是语言中的常见现象,同时也是语言学中非常复杂的一个问题。回指研究是句法学、语义学、语用学、语篇分析、认知语言学等各个领域学者们关注的焦点之一。甚至在语言学之外,回指研究也是哲学、逻辑学、心理学、认知科学、人工智能等诸多学科的研究问题之一。

　　随着认知语言学的发展,越来越多的语言学者都认同,回指现象在认知层面是同一概念在记忆系统中重复出现并形成的心理上的连贯,因此认知语言学主张要从认知心理的视角来认识和了解它。本书秉承了这一观点,以回指实体认知激活度为切入点,分析语篇环境因素、实体认知激活度以及回指语形式这三者之间的关系。同时,综合前人的研究成果,本书选择了研究相对较少的学术语篇为具体语料,探索这种特殊体裁语篇中回指形式的分布特征,并分析其是否符合认知规律。

　　本书是在我的博士论文基础上整理改写而成的。在本书即将付梓之际,首先我要感谢我的导师蔡基刚教授。2014 年,我进入复旦大学第一学期上的一门重要课程就是蔡老师讲授的"对比语言学",他的课程把我带上了博士生的学习和研究之路。此后,在期刊论文和毕业论文的撰写过程中,老师都给了我悉心的指导和帮助,每次和老师见面、讨论,总是能给我以很大的启迪。蔡老师那种严谨、实事求是的治学态度给我在学术之路上树立了榜样。

我也要感谢复旦大学的曲卫国教授、褚孝泉教授、熊学亮教授、沈园教授和郑咏滟教授，他们在语言学不同领域指导我前行，帮助我在学术道路上不断成长。同时我也要感谢我的同学杨一天博士、胡泊博士和段天婷博士在我撰写博士论文期间所给我的宝贵建议。

此外，我也非常感谢嘉兴学院外国语学院的唐艳芳教授、喻锋平教授和郭永恩教授。2018年11月我获得了复旦大学博士学位，进入嘉兴学院外国语学院工作。几位领导鼓励我继续钻研学术语篇中的回指现象，写一部这方面的专著，并为我争取了学院和学校的支持。

最后，我想表达对妻子和儿子的无限感激。他们在支持我攻读完博士学位后，又继续支持我做研究、写专著。从读博开始，这些年我的大量时间都放在了阅读文献、论文写作等事情上，工作后又要努力平衡教学与科研工作，缺少了陪伴家人的时间。这些年中，妻儿和父母的支持一直是我前行路上最大的动力。

谨以此书献给我的家人。

潘宁宇

2022年10月

Contents　目　录

第 1 章

绪　论

回指是所有语言中都存在的一种常见现象,这种现象看似简单,只要说话人在同一语篇中两次或多次提及同一对象,就构成回指关系。然而,深究起来,回指现象涉及多个复杂的语言学问题。回指关系的本质是什么? 回指形式是如何确定的? 不同回指形式的分布是否有规律? 类似这些问题,不同的学派有不同的理解,有些至今还没有定论,因此回指一直是语言学界关注的一个焦点。本书主要借鉴认知语言学的观点,从认知视角探讨学术语篇中回指形式的选择与分布。本章作为绪论,主要介绍回指的定义、分类、本书的研究问题和结构以及相关的重要概念。

1.1　回指的定义

在人类的语言交际过程中,我们经常看到这样的现象,无论是在口头还是书面语篇中,某一成分(人物、物体、事件、行为、概念、现象等等)在语篇中首次被引入后,说话人会再次或者多次提及这一成分。说话人可能以同样的语言形式重复首次引入的成分,也可能以其他的语言形式来替代这一成分。无论是以相同语言形式重复,还是以其他语言形式替代,这种两个成分之间一前一后的关系在语言学上被称为回指(anaphora)。

回指这一术语可追溯到古希腊语"αναφορα"(Huang,2000:1),意思就是"使回想,使回忆(carrying back)"。Crystal(2008:25)在 *A Dictionary of Linguistics and Phonetics* 中把"anaphora"定义为"语法描写中用来指一个语言单位从先前某个已经表达的单位或意义(先行语)得出自身释义的过程或结果"。在现代语言学中,回指通常用来表示前后两个语言单位间的关系,其中后一语言单位的解释或理解在一定程度上取决于前一语言单位。在这组回指关系中,前一语言单位称为"先行语",后一语言单位称为"回指语"(具体术语解释参见本章 1.5 小节)。

需要特别说明的是,回指关系中回指语所指向的并不是先行语本身,而是先行语所指称的概念实体。因此沈家煊在 *A Dictionary of Linguistics and Phonetics* 的中译本《现代语言学词典》中把"anaphora"翻译成"复指"(克里斯特尔,2000:19),重点突出"anaphora"是对先行概念的重复提及。廖秋忠(1992)则提出"指同"这一个术语,强调"作者/说者可用相同或不同的语言表达方式来表示它与第一次出现的那个表达式所指相同"(廖秋忠,1992:45)。无论是"复指"还是"指同",与本书所用的回指这一术语在本质上是相同的。考虑到回指这一术语的使用频率最高,笔者在本书中一律用"回指"来表示说话人用相同或不同的语言形式来重复提及先行语所表述的概念实体这一关系。

1.2 回指的分类

回指的分类是多角度的:可以按先行语/回指语的词类性质分类,也可以按先行语与回指语之间的形式/意义关系分类,也可以按回指涉及的语言单位分类,还可以按回指语是否有明确指向的先行语分类。

根据先行语/回指语的词类性质划分,回指可分为广义回指和狭义回指(Chu, 1998:282 - 283),这是较常见的一种回指分类方式。广义回指是指所有具有照应功能的语言形式。根据广义上回指的概念,回指可以是名词性的,也可以是动词性的、副词性的、形容词性的,甚至是句子性的。以例 1 中 A、B 两句对话为例:

> 1. A:John painted this picture in Bermuda?
>   B:Yes, he did that there.
>   (根据 Crystal 2008:25 的例子改编)

在 B 句的回答中,除了 Yes 之外,每个词都是回指语,回指 A 句中某个语言单位所指称的事物或事件。具体而言,"he"所对应的先行语是"John","he"是"John"的回指语;"that"的先行语是"this picture","that"是"this picture"的回指语;这两者是名词性回指。"did"对应的先行语是"painted","did"是"painted"的回指语,这是动词性回指。而"there"的先行语是地点状语"in Bermuda","there"是"in Bermuda"的回指,这显然是副词性回指。

以下则是一个形容词性回指的具体例子:

2. A: John has bought a <u>silver-white</u> car.

B: Mary has a <u>same</u> one.

例 2A、B 两句中的画线部分构成回指关系,其中 B 句中的"same"回指前一句中的"silver-white",此先行语做中心名词"car"的修饰语,因此这是一个形容词性的回指。

在 1、2 两例的四种回指关系中,先行语和回指语的句法类别相同,先行语是小句中的某个名词性、动词性、副词性或者形容词性成分,对应的回指语也是其所在小句中的某个名词性、动词性、副词性或者形容词性成分。还有一种情况,回指语的回指对象是一个小句或语段所表达的意思,例如:

3. "<u>Curtsey while you're thinking what to say.</u> <u>It</u> saves time." Alice wondered a little at <u>this</u>, but she was too much in awe of the Queen to disbelieve <u>it</u>. (引自 Halliday & Hasan, 2012:52)

例 3 中第一个"it"回指的是前一句"Curtsey while you're thinking what to say"所表达的意思,先行语就是第一个小句;"this"和第二个"it"则回指女王所说的全部内容(两个小句),先行语是一个语段。

以上三个例子说明广义回指研究涉及的范围很广,许余龙(2004:3)根据先行语的形态和句法特征,把广义回指分为名词性、动词性、形容词性、副词性和句子性五个大类;其中名词性、动词性和句子性回指又细分为"名词回指/名词短语回指""动词回指/动词短语回指"和"小句回指/语段回指"。因此总共有八个类型的回指。广义回指的概念类似于 Halliday 和 Hasan(1976)所提出的衔接(cohesion)概念,Carter(1987:33)、Cornish(1986:8-19)等学者也持类似观点。除此以外,还有一些更为广义的回指定义,例如 Krahmer 和 Piwek(2000:1-2)总结了动词时态(Tense)、任何形式的名词短语(NP of All Kinds)、预设(Presuppositions)、情态动词(Model Verbs)、动词省略(VP Ellipsis)、语调重音(Pitch Accents)、纠正(Collections)等几种语言现象,认为它们都是回指类型。

与广义回指相对的是狭义回指。狭义回指专门指名词性回指,即照应上下文的名词性表达方式。狭义回指是现代语言学回指研究中讨论最多的话题。Reinhart(1999:20)就指出,"在理论语言学中,回指这个术语最常见的用法是指两个被赋予相同的指称值或范围的名词性表达形式之间的关系。"本书根据对英汉期刊论文语篇中回指现象的初步观察分析,把研究对象确定为语篇中名词性回指和句子性回指。

除了主要根据先行语的词类性质对回指进行划分的方法外,以 Cornish (1986)、廖秋忠(1992)、Chu(1998)等为代表的学者采用了另一种分类方式,以先行语和回指语的形式/意义关系为划分依据。例如廖秋忠(1992:45)把回指分为以下几种:

A. 同形表达式

B. 局部同形表达式

C. 异形表达式

  a. 同义词(包括异形简称)

  b. 统称词

  c. 指代词

  d. 零形式或简略式

上述对回指的分类中,A、B、C 三个大类的划分的主要根据是先行语和回指语形式上的异同。而在 C 大类异形表达式的进一步细分中,"同义""统称"涉及概念之间的逻辑关系;"指代词""零形式"则更侧重于形式上的区分。

从回指关系涉及的语言单位来看,回指研究也可分成句内回指和篇章回指两大派。句内回指关系中,先行语和回指语位于同一小句内;在篇章回指关系中,先行语和回指语分布在同一语篇的不同小句内。句内回指是形式主义学派关注的焦点,而功能主义学派更倾向于讨论回指的篇章因素(姜望琪,2006)。本书主张从认知的角度探讨学术语篇中的回指现象,因此本书主要研究篇章回指关系。

随着回指现象的研究逐渐深入,学者们又区分了直接回指(direct anaphora)和间接回指(indirect anaphora)。前者就是通常所说的回指,后者指先行语和回指语缺乏直接的指同关系(Erkü & Gundel 1987)。两者区别如下:

4. A:Jenny comes from UK. She is very beautiful.

 B:I cannot get out of the car. There's some problem with the lock.

在例 4A 句中,"Jenny"和"she"指向同一对象,构成直接回指。而在 B 句中,"the lock"在前述话语中找不到与其所指对象相同的任何成分,无法构成直接回指关系。但是,常识告诉我们,"car"(汽车)通常都有"lock"(锁),锁坏了就无法从车内出来,所以 B 句中的"car"和"lock"关系密切。通过推理,我们可以判断"lock"是回指语,回指前句中"car"。不过,在这个回指关系中,"lock"不是直接回指"car",而是从属于"car"的那个"锁",而"car"充当了这种回指关系的媒介,所以这种回指被称为间接回指。本书的研究以直接回指关系为主要对象。

综上所述,从回指研究分类来看,本书属于篇章回指研究,主要讨论学术语篇中的名词性回指和句子性回指,两者都属于直接回指现象。

1.3 研究对象和问题

本书的研究对象是英汉学术期刊论文中的回指语,具体而言,包括名词性回指和句子性回指关系中的不同形式回指语(零形回指语、代词回指语、名词回指语)。语篇回指研究的一个主要问题就是回指编码,即回指语形式的选择问题。不同语言学派的学者从句法结构限制、语用功能、认知心理等方面对回指语选择进行解释。发展至今,一个被广泛接受的观点是回指现象反映了认知心理过程,因此很多学者主张从认知的视角分析回指编码的选择动因。本书以认知语言学相关理论(特别是关于回指形式选择的理论模型)为基础探讨期刊论文语篇中英汉回指的编码选择。

传统的回指研究多集中在名词回指现象,以叙事性较强的故事语篇为研究语料;相对而言,学术语篇中的名词性回指现象受到的关注较少。就学术语篇中回指现象的研究而言,相关研究主要集中在语篇"外壳名词"和"抽象实体回指"的研究,在语言形式上两者都属于句子性回指(外壳名词结构并不等于回指结构,而是有一部分采用了句子性回指结构)。由此可见,学术语篇中的名词性回指是研究中较少受到关注的一个领域。

本书主要关注期刊论文语篇中的名词性回指和句子性回指,具体以这两种回指关系中的不同回指形式为研究对象。因为名词性回指在论文语篇中数量众多,且相关研究较少,而句子性回指一直是学术语篇回指的研究焦点。而且,虽然名词性回指和句子性回指的先行语语言形式不同,但两种回指关系中回指语都以代词或名词(名词短语)进行编码,这是两者的共通之处。本书通过对这些回指语的研究,以期发现此类语篇中回指编码选择和分布情况的特征。在具体分析过程中,名词性回指以关键名词回指为代表。

本书主要探讨期刊论文语篇中回指语编码选择和使用情况的特征,具体研究问题为以下四个方面:

(1)学术期刊论文语篇中,语篇环境因素对回指形式选择有何影响?名词性回指关系中不同形式的回指语在语篇中分布情况如何?句子性回指关系中不同形式的回指语在语篇中如何分布?

(2)回指语有哪些语用功能?这些语用功能对回指语形式的选择有何影响?

(3)回指语对应的实体特征对其形式编码有何影响?

（4）语言差异对英汉回指语形式的选择使用有何影响？

为了说明期刊论文语篇中不同形式回指语的选择和分布特征,本书以传统的叙述性故事语篇为辅,选择其中对应的回指现象作为学术语篇中回指现象的参照对象。

1.4　本书结构

第1章是本书的绪论,主要介绍回指的定义、学界对回指的分类以及本书的研究对象和问题,同时也界定了本书的一些重要概念。

第2章是回指研究的文献综述,简单回顾国内外回指研究的发展历程,并介绍学术语篇回指研究相关文献,主要包括外壳名词研究和抽象实体回指研究。

第3章以回指语形式和语篇实体认知状态为切入点,构建本书的回指形式选择倾向分析模型。主要综合多位学者的研究成果,厘清回指形式、语篇实体认知状态、认知状态制约因素之间的关系,并在此基础上构建本书的分析框架。

第4章介绍了语料收集和数据库建立的方法,还介绍了名词性回指和句子性回指关系中不同回指形式语篇分布情况的统计方法。

第5章以关键名词回指语为代表,分析英汉期刊论文中的名词性回指中不同形式回指语在语篇中的分布情况,探讨语篇环境因素对回指语编码的影响,以及学术语篇中关键名词回指语的分布特征。

第6章分析句子性回指中不同形式回指语在语篇中的分布情况。讨论了语篇环境因素对回指语编码的影响,以及学术语篇句子性回指中不同形式回指语的分布特征。

第7章重点从语用功能和实体特征两个视角探讨期刊论文语篇中的回指语编码选择。主要分析了名词回指语的多重信息功能,以及这些功能对回指编码的影响。此外,还分析了语篇实体自身特征对回指语形式的制约。

第8章则是从期刊论文语篇中英汉回指语分布差异为切入点,分析英汉语言表达差异对回指语选择和分布的影响,并尝试从语言表达层面深入到语言本质特征以及民族思维模式层面探寻差异性的根源。

第9章为结论部分,总结了本书研究的主要发现,并指出本书的一些局限性和进一步深入研究的方向。

1.5　本书研究相关概念

在学术研究过程中,对于同一研究对象,不同的学科会使用不同的术语,或者对同一术语有不同的解读。这在语言研究中也是很常见的现象,不同学派的学者对同一术语会有不同的定义,甚至同一学者在不同的时间阶段对同一术语的理解也可能发生变化。如果对术语定义不清楚,文章中同一术语有不同的含义,就会使作者的研究工作和读者的理解都陷入混乱,所以有必要对本书研究所涉及的一些重要术语在此做个界定。

本节先对几个在本章出现的基本术语进行界定,其他重要术语在后续相关章节中再进行论述。

回指语/回指形式:本书论述中涉及的回指语相当于陈平(1987)所定义的回指形式概念,即语篇中用来指代回指对象的语言形式。如果用零形式(即无实在语言表现形式,一般用符号"Ø"表示)来指代回指对象,称为零形回指语;如果用代词形式指代回指对象,称为代词回指语;如果用名词形式指代回指对象,称为名词回指语。以下是关于这三种回指形式的具体例子:

5. 长期以来,国内外史学界对近代英国的崛起给予了很多关注,相关的论著可谓汗牛充栋。其中的一些著述强调英国工业革命的重要作用,以致给人一种印象,即近代英国的崛起主要归因于在英国率先开始的工业革命。这其实是一个似是而非的错觉。因为所谓"崛起",是一个特定的概念,特指一个相对弱小的国家在它所处国际体系内力量排位的快速提升,成为该体系内的一流大国;至于数一数二的顶级大国继续壮大的历程,或一流大国之间的相互赶超,则不应划入"崛起"的范畴。换言之,"崛起"不是指一国力量"绝对值"的不断提高(因为近代以来几乎所有国家的绝对力量都在不断增长),而是指较弱小国家之国力在国际力量对比中的"相对值"的急剧上升。就此而言,英国从1688年之前的一个欧洲二流国家壮大为1763年西方世界的头号强国,Ø 完成了崛起的过程。在此之后发生的工业革命,虽然促使了英国经济实力之绝对值的急剧提升,使其工业生产能力遥遥领先于其他欧洲国家,但它仅仅是巩固和增强了英国已有的大国地位,或者说是促使英国崛起后的继续壮大。

在例5中,十个画线成分都指向现实世界中存在的一个对象"英国",这些成分共同构成了篇章回指关系。除了第一小句中的"近代英国"属于语篇中首次引入的某一概念实体,后文中的"近代英国""英国""其"和"Ø"都是回指语。其中,一个"Ø"是零形回指语;一个"其"是代词回指语;一个"近代英国"和六个"英国"是名词回指语。

先行语:在上文中出现,与回指语指向相同对象的语言形式,称为回指语的先行语。例 5 第一小句中的"近代英国"就是第三小句中"英国"的先行语。在最常见的名词性回指关系中,先行语往往是词汇,因此这一概念也经常表述为"先行词"。当然,在整个回指系统中,先行语(词)的实际语言形式并非只有词汇,也包括短语、小句,例如本书讨论的句子性回指关系中的先行语一般是小句或句子。此处特别强调一下,后文就不再具体说明了。

所指对象:语篇中某个语言形式(词语/短语)所指向的现实世界(或者是虚拟世界)中的某个实体就是所指对象。例 5 中的"英国"指的就是现实世界中近代历史上存在的一个国家实体。在小说等语篇中,所指对象就很可能是作者所构建的虚拟世界中的某个实体。所指对象就是体现了先行语和回指语"指同关系"的存在。

名词性回指/名词回指语(回指形式):名词性回指和名词回指语是两个不同的概念。名词性回指是对回指(关系)的分类,以(第一个)先行语的形式为分类标准,和名词性回指并列的是动词性、形容词性、副词性和句子性回指,本书主要研究名词性回指和句子性回指。名词回指语是对回指关系中具体回指语编码形式的分类。在本书的研究中,名词性回指关系和句子性回指关系中的回指语都有可能选择名词形式编码,和名词回指语并列的是代词回指语(包括零形回指语)。

指称:指称是一个源于西方近现代哲学,后被引入现代语言学的重要概念。因篇幅所限,关于指称的理论渊源在此不多做讨论。此处需要说明的是,回指在本质上是一种特殊的指称。语言学研究视野中的指称可以理解为"语言符号直接联系外部世界中的事物的方式"(姜红,2008:25)。在讨论回指定义时,笔者就指出本质上回指语所指向的是先行语所指向的概念实体,即回指语和先行语共同指向外部世界中的同一事物。许余龙(2004:6)明确指出:"回指所涉及的是两个名词性词语的'指称义'(reference),而不是'涵义'(sense)。"仅从语言形式来看,回指语和指称形式是没有区别的。当语篇中的一个指称形式首次提及,而不是重复提及某一概念实体时,在功能上它是引入新概念,这时它不是回指语。而当这个概念实体被再次提及时,指称形式就有了回指功能,成为回指语。重复是回指的一个重要特征,在脱离了上下文的情况下,单独提出回指语来分析是没有意义的。这也是本书坚持从语篇的角度来探讨回指的一个重要原因。

语篇:语篇指任何不完全受句子语法约束的在一定语境下表示完整语义的自然语言(胡壮麟,1994:1)。本书的"语篇"统称"篇章"(text)和"话语"(discourse)。"篇章"和"话语"是语言学研究中两个有很大重合性的概念。从文献上看,很多学者都没有严格区分 text(篇章)和 discourse(话语)。有的虽然做了区分,但事实上也看不出它们之间关键的差别(黄国文,2006)。因此本书采用胡壮麟(1994:3)的观点,以"语篇"统称两者。当然,为了与引用的文献保持一致,本书中也会使用"篇章"和"话语"这两个术语,但除特殊说明外,它们都等同于"语篇"。

小句和句子:根据 Crystal(2008:78;432)的定义,小句是语法模型中用来指小于句子但大于短语、词或语素的语法结构单位;句子是构成一种语言的语法的最大结构单位。各种语言学著作中关于小句和句子的定义很多,从传统语法到现代语言学的不同学派,许多学者从不同的角度来定义小句和句子。本书重点关注的是语篇分析中小句和句子的界定。小句和句子是组成语篇的基本语言单位,因此也是语篇分析中非常重要的句法和语义结构因素。因为本书的语料主要是书面语篇,所以本书对语篇中一个语言单位是小句还是句子的界定主要从语法结构和书面标点符号两方面考虑。具体标准如下:包含至少一个主谓结构(主语可以为零形式,谓语可以是非谓语动词形式),一般情况下用逗号或句号分隔的语言单位是小句;用句号、问号、感叹号等标点符号断开的语言单位是句子。所以小句和句子会有重合,通常所说的简单句,比如例 2 中的"John has bought a silver-white car. "是一个句子,同时也是一个小句。

第 2 章

回指研究文献综述

回指现象看似简单,实则相当复杂。回指涉及整个语言系统中的句法结构、语义指向、语用原则、语篇结构、信息编码、认知模式等各个方面,所以回指研究成为句法学、语义学、语用学、语篇分析、认知语言学等多个领域学者们关注的焦点之一。甚至在语言学之外,回指研究也是哲学、逻辑学、心理学、认知科学、人工智能等诸多学科的研究问题之一。

回指研究起源于西方学术界,陈平(徐赳赳,2003:陈平序 1)认为:"作为指称研究的一个组成部分,回指研究现象最早是哲学家和逻辑学家的关注对象,在西方学术史上有比较悠久的研究传统。哲学家和逻辑学家的许多重要发现和理论思想,后来都被语言学家接了过来,成为语言学研究的重要组成部分。"在现代语言学研究中,早期对回指进行研究的代表人物是 Bloomfield(1935:247 - 264),他在 *Language* 一书中并没有专门章节讨论回指,但他所论述的"替代(substitution)"实质上就是回指。Bloomfield 从结构主义的观点出发,认为回指就是语言形式的替代。

回指现象成为现代语言学理论研究的中心课题之一是从 20 世纪 70 年代开始的(徐赳赳,2003:陈平序 1)。20 世纪 80 年代更是回指研究的爆发期(Fox,1996:viii)。语言学不同领域的学者从不同角度对复杂的回指现象开展了大量研究。本章简要介绍回指研究的发展历程,并重点介绍学术语篇回指的相关研究。

2.1 回指研究:从句法到认知

近 40 年来,回指研究引起了语言学界众多学者的广泛兴趣,不同流派的学者们从不同角度对回指现象展开深入研究。总体来说,回指现象的研究角度包括句法学、语用学、功能语法、认知语言学几个大方向。本节先简单介绍一下国内外对回指现象的研究。

2.1.1　国外回指研究回顾

2.1.1.1　生成句法理论对回指的研究

句法学领域对回指的研究以形式主义生成语法学派为主,其中代表人物有 Chomsky(1981,1982)、Aoun(1985)等。生成语法概念的基础是集合论。自然语言是由无限多合乎语法的句子组成的一个无限集合,而生成这个无限集合所依靠的是由一套原则和参数理论组成的有限规则系统。根据生成语法的理论,回指既然是语言的一部分,那么回指系统也应该符合句法生成的规则。生成语法理论也被称为"管辖与约束理论",其中的"约束"就是指句中两个名词性成分在指称意义上的依赖关系。约束理论,特别是其中的分支理论 c-统制(c-command)理论,是生成语法学派研究回指现象的核心理论。

Chomsky(1981:188)在约束理论框架中总结了回指语的特征和规律,提出了约束理论三原则:

（A）照应语在管辖范围内必须受到约束。
（B）代词在管辖范围内不得受到约束。
（C）指称语在任何范围内都不得受到约束。

以 Chomsky 为代表的生成句法学派研究者"致力于在语言总的组织结构框架中,用最简洁精确的形式阐述这些制约"(许余龙,2004:7)。他们采用高度抽象的形式化的方法从句子层面解释不同类型指称词语的回指特征和规律,把回指简化为形式化的标记。当然,由于研究角度的限制,生成句法理论对回指的研究存在固有的局限性。一方面,在约束理论对回指的研究中,回指的功能仅限于同句内语法上的替代关系和语义上的同指关系。在 Chomsky 的约束理论三原则中,只有(A)原则对先行词和照应语回指关系的解释比较明确,而后两项原则相当模糊。根据我们之前对回指的定义和分类,照应语只是代词回指中的一小部分,所以约束理论对回指的研究只明确解释了其中小部分回指形式的具体所指对象。另一方面,由于过于强调对句法形式和表层规律的研究,生成句法理论对回指的研究专注于句内回指现象的静态描写,忽略了自然语言中绝大多数回指存在于语篇中句子之间这一事实,也不考虑话语参与者的认知状态、语用、语境、社会文化等外部因素的影响。

2.1.1.2　语用学新格莱斯主义对回指的研究

生成句法理论对回指现象的研究局限于句内名词短语之间语法上的替代关

系和语义上的同指关系,对整个语篇回指的解释力不足。基于大量真实自然语料的研究,其他学派的语言研究者倾向于认为"单纯的句法理论不足以从概念上和实践上对回指做出充分解释"(Huang,2000:133)。因此,越来越多的学者在回指研究中把关注点转向语境、篇章、认知机制等因素。语用学新格莱斯主义(neo-Griceansim)主要从语用、功能等角度对回指展开更加全面和深入的研究,其理论代表人物有 Horn、Levinson、黄衍等学者。

Horn(1984)把 G. K. Zipf 的省力原则(The Principle of Least Effort)引入语用学分析。他认为合作原则四准则中起关键作用的是量的准则和关系准则。他把合作原则的四项准则精简为两项对立原则:量原则(Q-Principle)和关系原则(R-Pinciple),两者体现了说者经济性和听者经济性的对抗作用。在量原则的推导过程中,Horn(1972,1984)提出了荷恩等级关系(Horn scale)的理论雏形。他举了一些例子,如⟨all, most, many, some, few⟩、⟨and, or⟩、⟨excellent, good⟩、⟨hot, warm⟩等。这几组(对)词汇按语义−信息由强到弱排列,构成等级关系。Levinson(1983)将这几组词所体现的关系加以概括,称之为荷恩等级关系。这是新格莱斯会话理论的一个关键概念,也是其分析回指现象的重要工具。

Levinson(1987)也认为 Grice 的合作原则可以精简,但他并不认同 Horn 所提出的数量原则和关系原则。因此他提出了自己对 Grice 合作原则的简化方案,即 Levinson 的三原则系统:数量原则(Q-Principle)、信息原则(I-Principle)和方式原则(M-Principle)。Levinson 的语用原则系统清楚地区分了制约语言表述层面的语用原则和制约语言所表达的信息内容层面的语用原则。Levinson 总结了 Horn、Gazdar 等学者的语言等级关系的思想,提出了荷恩等级关系理论,用于分析回指现象。他认为不同形式指称语也构成了一个荷恩等级,具体关系如下所示:

名词短语>代词>零形代词

(Levinson,1987:384)

在这组等级关系中,排列的主要依据是指称语表达形式的繁简程度。一般而言,名词短语的形式比代词的形式复杂,而代词的形式比零形代词复杂。Levinson 认为,形式越简单(等级关系中越靠近右端),则指称语越倾向于"同指";相反,等级关系中左端的指称语则倾向于"异指"。

语用学早期研究受形式主义束缚较大,Horn、Levinson 等学者对回指的分析在很大程度上还是以管辖与约束理论对回指的研究为基础,形式主义痕迹比较明显。黄衍(1991,1994,2000)在其研究中引入对不同类型语言的考察,基于类型学的多语言分析突破了形式主义对早期语用研究的束缚。通过类型学的分析,黄衍(1991,1994:2)指出在回指理解过程中,语用因素的作用比语法因素的作用更为基础和重要,哪怕在句内回指理解过程中也是如此。除了从语言类型学角度研究回指,黄衍(1994,2000)还结合分指假设(disjoint reference presumption, DRP)、信息凸显原则、会话含义一般连贯条件等理论观点,使新格莱斯主义创建的指称模式发展更为全面。

相比生成语法理论只关注回指中形式化和客观化的语法机制作用的研究思路,新格莱斯主义把会话参与者(包括说话人和听话人)的语用因素纳入研究范围,其对回指系统研究的最大贡献在于指出经济原则在回指语产出和释义方面的重要作用,为回指研究提供了崭新的视角。但是新格莱斯主义并没有坚持把语用和认知相结合的思路始终贯彻于其研究,这导致在解释回指现象时,Levinson 的语用原则视角与荷恩等级出现了不一致的问题(Ariel, 1994)。

2.1.1.3　功能学派对回指的研究

生成句法学派对回指的研究侧重于句内语法结构的形式化因素。相反,功能学派对回指的研究强调新旧信息的连贯、信息链的构建等非句法因素,把对回指的研究从句内回指扩展到语篇回指。功能学派在回指研究领域的代表人物有 Halliday、Hasan、Fox、Givón 等学者。

系统功能学派对回指现象的研究主要集中在其所提出的衔接理论。1976年,系统功能学派代表人物 Halliday 和 Hasan 夫妇出版了《英语的衔接》(Cohesion in English)一书,在学术界引起了巨大反响。衔接理论发展至今,影响不断扩大。从 19 世纪末开始,现代语言学逐步建立并得到了巨大发展,各种语言现象被纳入研究范围。然而,总的来说,无论是语言、句法还是语义的研究,大多致力于句子或句子以下层面的语言单位,对语篇的研究较少。Halliday 的系统功能理论突破了这种限制,把研究重点置于语篇层面上。系统功能学派对回指现象研究的贡献主要在于衔接理论。衔接是一个语义概念,它是指语篇中意义之间的各种关系,正是这些关系使一段话/文字被定义为语篇(Halliday & Hasan, 2012:4)。衔接是语篇研究中的一个重要问题,是语篇构建的资源和方式。Halliday 和 Hasan(1976)在衔接理论中提出了五种主要的衔接类型:指代、替代、省略、连接和词汇衔接。衔接理论中的衔接手段很大程度上与回指是重叠的。许余龙(2004:3)指出"回指实际上几乎涵盖了所有 Halliday & Hasan(1976)所讨论的指称(指代)、替代、省略和词汇粘连(cohesion,又称衔接)"。因此衔接理论也可以说是系统功能学派研究回指现象的理论。继《英语的衔接》之后,Halliday 和 Hasan(1985)又出版了《语言·语境·语篇》(Language, Context and Text)一书,扩大了衔接概念的涵盖范围。此外,Parsons(1990)、胡壮麟(1994,1996)、朱永生(1995,1996)、张德禄(1992,1994)等学者从不同角度考察了语篇衔接与连贯,使衔接理论发展更为全面(Halliday & Hasan,2012;张德禄,导读 F31 - F33)。

衔接理论具有革命性的意义,标志着回指研究从句内层面转向语篇层面,从形式主义转向功能主义。然而,由于研究视角的限制,Halliday 和 Hasan 所提出的语篇衔接理论对衔接手段(回指语)的解释主要局限于传统的语言学范畴内。虽然衔接理论也提出了语篇连贯的概念,但其研究重点主要是在语篇结构层面的衔接,而非心理层面的连贯。并且系统功能学派对连贯概念的理论化做得不够充分。衔接理论把连贯预设为已知的概念,但没有在理论中对其进行明确界定,这导致语篇衔接与连贯的关系不明确。衔接理论虽然把回指研究扩展到语篇层面,但未能理清回指机制与话语参与者心理认知状态的关系。

2.1.1.4 认知语言学对回指的研究

当代语言学的一个重要特点是逐步确立了语言是一种心理或认知现象的观点(王军,2013:7)。Chomsky 就认为语言是人类心智的体现,并基于这个理念,以计算数学模型为基础,提出生成语法理论。然而,生成句法过于形式主义的理论方法使其对现实中的一些自然语言现象解释力不足。从 20 世纪 80 年代开始,越来越多的学者反对生成句法理论所提出的语言是一个自足的系统、语言是一个独立的认知模块等观点。他们认为"语言不是人脑中独立自主的认知模块,而是人的一般认知能力的一部分;语言结构与人类一般的概念知识、身体经验密切相关,并以它们为理据。基于这样的工作假设,认知语言学逐渐兴起成为新兴的语言学学派。认知语言学把语言看成是内嵌于人类的全部认知能力之中"(Ungerer & Schmid,2008:陈治安、文旭,导读 viii),并以这样的观点为指导,研究各种语言现象。回指系统也是认知语言学关注的领域之一。认知语言学领域关于回指研究的代表性理论有 Ariel(1988,1990)的可及性理论(Accessibility Theory)和 van Hoak(1995,1997)提出的代词回指的限制模式。Ariel 的理论框架在下一章有重点介绍,本小节简单介绍一下 van Hoak 的理论。

van Hoak(1995,1997)以 Langacker 的认知语法理论框架为基础,提出了代词回指的限制模式。Langacker 是认知语言学的领军人物之一,也是认知语法的创立者。认知语法认为语言中存在三种单位:语音单位、语义单位和象征单位。象征单位由语音单位和语义单位构成,并且可大可小,小到词素、大到句子都是象征单位。从这个视角来看,句法就是一个规约化的象征系统。而语言则是象征单位组成句法结构的过程,是语义内容的构组和符号化。语言既是一个约定俗成象征单位的集合体,又是一个动态象征单位的集合体。语法是对人的认知能力和认知过程真实的、动态的描写(Langacker,2004a;2004b)。

van Hoak(1995,1997)在其研究中从认知语法的视角重新审视了代词回指限制的问题。她认为从认知语法内的语义结构分析代词回指的限制条件,就能把代词回指的句内限制因素和跨句限制因素结合起来,使用一套原则就能统一解释句法和语篇层面的代词回指限制条件。van Hoak 对代词回指限制条件的研究主要涉及认知语法的两个重要概念:基于辖域(domain)的参照点(reference point)和凸显(prominence)。简单而言,代词与名词短语是否构成同指,要分析确定辖域中的参照点,而辖域中其他因素的识解依附于参照点,应该有较高的可及性,在语言层面表现为倾向于选择高可及性标示。如果违反了这一原则就不构成同指。van Hoak 关于回指限制条件的概念参照点模式突破了传统研究限于"实体替代论"的局限性,揭示了思维方式、信息传递和语言表达形式之间的内在联系,为回指研究提供了一个新的思路。

2.1.2 国内回指研究回顾

近 40 年来,随着相关理论的不断更新,回指研究得以深入发展。国内的许多学者在吸收借鉴国外回指研究方法和理论成果的同时,结合汉语的实际情况,对英汉中的回指现象做了大量分析研究,成果丰硕。在理论方法方面取得代表性的研究成果有陈平(1986,1987)、徐赳赳(2003)、许余龙(2000,2004)、王义娜(2006)等学者的著作。

陈平(1986)在其博士论文中分析了汉语叙述语篇中回指语编码的制约因素。他以话语结构特征角度为切入点,指出影响不同形式回指语的主要制约因素是指称对象的连续性(continuity)。徐赳赳(2003)以汉语的叙述文为语料,运用话语分析的理论和方法对现代汉语篇章回指现象进行了系统分析和研究。许余龙(2004)从功能语用视角探讨了篇章回指理解的机制。他提出一个以可及性和主题性理论为基础的、具有可操作性的篇章回指确认机制,并通过自建的民间故事语料库加以验证。此外,许余龙(2000)还对比分析了英汉指称词语表达的可及性,并指出两种不同语言中具体可及性标示的选择差异。王义娜(2006)提出指称编码形式不仅受客观指称可及性制约,也受主观视角层面对指称策略选择动因的影响。因此她在 Langacker 的舞台模型和概念参照点理论基础上,尝试提出一个由话语主观性和指称可及性共同制约指称策略选择的概念参照视点模型(Conceptual Reference-point Model)。

除了以上几位学者的专著和论文,还有不少中国学者从不同的视角研究回指系统。例如廖秋忠(1992)指出回指概念本质上是"指同",并从形式角度对汉语回指语做了分类;姜望琪(2006)以 Chomsky、Levinson、黄衍、Ariel、Halliday、许余龙等人的研究为线索,简要回顾了当代回指研究近 30 年的发展进程,强调了篇章与回指的关系;高卫东(2008)在批判借鉴 Ariel 可及性理论的基础上,对回指语的不同功能做了全面分析,并指出回指语不仅用来提取旧概念实体,也用于引入新概念实体或制造特殊的修辞效果;王军(2009)对模糊回指及其语用功能进行了分析探讨;石艳华(2014)从语篇生成的角度,以认知激活为理论框架对汉语篇章回指进行了全面分析。

2.2 学术语篇回指研究

2.1 节简要回顾了回指研究的发展历程,笔者在此特别指出,从研究语料视角而言,前文综述中的许多学者在研究语篇回指时都采用叙述语篇为研究语料,其中以故事和小说居多。这种现象不难解释。小说、故事、新闻等语篇可读性很强,受众范围很广泛,特别是小说故事语篇体裁更接近自然口语,因此它们往往是语言研究的首选语料。当然,这并不意味着其他体裁的语篇,比如本书研究的学术语篇,没有研究意义。学术语篇专业性较强,受众范围比较受局限,在整体的社会生活中影响力也较小,所以它常常不是语言研究的首选语料,关于学术语篇中回指现象的研究自然也就较少。然而,这并不说明学术语篇中的回指现象没有研究价值,相反,作为学术研究的重要载体,学术语篇中的语言现象很值得讨论。更重要的是,学术语篇更注重理性逻辑,属于议论文体裁,这样的语篇特点是否会导致学术语篇中的回指现象有其自身的特点? 学术语篇回指语分布是否不同于叙事语篇中的回指语分布? 本节重点介绍学术语篇回指的相关研究,主要包括外壳名词和抽象实体回指研究。

2.2.1 外壳名词研究

学术语篇中回指现象相关的一个研究焦点是对"外壳名词"现象的研究。外壳名词(shell nouns)又称为空壳名词、概念名词或者抽象名词,是语言学领域一个新兴的名词概念;它由认知语言学家 Hans-Jörg Schmid(2000)提出,指一类特殊的用于传递和表征命题信息的抽象名词(姜峰,2016),例如:

> 1. (a) the fact that I have no money
> (b) The problem was that I had no money. (Schmid, 2000:3)

在例 1 中,(a)是一个"Determiner+Noun+postnominal that-clause"结构,其中有定名词"the fact"是一个抽象名词,其具体信息内容体现在名词性从句"that I have no money"所表达的命题中。(b)的结构是"Determiner + Noun + be + complementing that clause",主语是有定名词"the problem",其具体信息内容由补

语从句"that I had no money"所负载。

例 1 中,"fact"和"problem"都是抽象名词,其具体信息内容由语篇中的其他成分决定。这样的名词在书面语篇中,特别是学术语篇中比较多见,因此也获得了不少语言学家的关注。例如 Halliday 和 Hasan(1976:274)在分析语篇衔接手段时就提出了"泛指名词(general nouns)"概念,指出这是一类特殊的名词,其所指对象并不具体;虽然这类名词在所有名词中所占比例很小,但在语篇衔接中作用很大。Francis(1986)把这类名词定义为"回指名词"(anaphoric nouns),她使用这个术语是为了强调这类名词能够承担回指功能,在元话语层面充当已知信息的标记。一个回指名词就是语篇中的一个标记点,提醒读者相关的具体信息就位于语篇中的某个位置,因此 Francis(1994)后来又把术语改为"标记名词"(label nouns),以突出其标记功能。Ivanič(1991)则使用了"载体名词"(carrier nouns)来定义这类抽象名词。她选择这个术语出于两方面动机:一方面 Ivanič 认为这类名词在语篇中负载了词典义之外的具体意义;另一方面根据 Halliday 系统功能语法,"载体"指某些小句中用于表达关系过程的主语。除此以外,Bolinger(1977)提出的"重复性名词"(repeated nouns)、Winter(1992)提出的"非具体名词"(unspecific nouns)、Flowerdew(2003,2014)提出的"指示名词"(signaling nouns)等都是指这类特殊的抽象名词。

以上所介绍的术语是从不同角度对一类抽象名词的定义。综合前人的理论观点,Schmid(2000)提出外壳名词这个概念,他认为这些抽象名词给命题信息提供了一个"认知外壳",使读者能更容易抓住这些抽象信息,而且这些外壳标示了其中的内容。Schmid 采用"外壳"比喻其装裹和呈递信息的特性,形象鲜明,同时抓住了这类抽象名词的本质特征。因此一经提出,就得到了众多学者的认同。

外壳名词多见于学术体裁语篇,相关研究也以学术语篇语料为主。因此,外壳名词研究和学术语篇回指研究有较高的重合度。娄宝翠(2013)基于学习者学术英语语料库,从语篇衔接的视角探讨了研究生学术英语语篇中外壳名词的使用特点。她指出外壳名词就是一类语篇衔接的词汇手段,具有将名词的概念与包含其完整信息的短语或从句相联系的衔接功能。学术语篇信息量庞大且专业性很强,导致很多复杂信息需要再次提及或预设,这就有必要用外壳名词将此类信息打包。外壳名词的使用是否恰当会影响语篇的连贯性,进而影响整个语篇的表述。黑玉琴、黑玉芬(2011)在研究学术语篇中外壳名词分布情况的基础上讨论了其在语篇中的评价功能。两位学者通过研究,发现不同的外壳名词在应用语言学研究论文中体现出不同的评价方式和特点。应用语言学兼具社会科学和自然科学的特征,这对外壳名词构建评价势态产生了一定影响。

上述文献回顾展现了外壳名词领域研究的发展历程以及丰富成果。外壳名词和语篇回指有很大程度的重合,这些研究为学术语篇回指研究提供了宝贵的理论经验。不过需要指出的是,外壳名词和语篇回指研究并不完全相等。句子性回指是外壳名词结构的基本构式之一,但外壳名词研究主要关注"名词",从回指视角而言就是名词编码的回指语。但是,回指语编码形式不仅包括名词,也包括零形式和代词,而这两者不是空壳名词研究的关注点。

2.2.2　抽象实体回指研究

如果说外壳名词研究对象不仅限于回指现象,那么抽象实体回指研究就是专门针对书面语篇中回指现象的研究,特别是议论文体裁类语篇中回指现象的研究。抽象实体回指在形式上主要表现为句子性回指。

Asher(1993)在其专著 *Reference to Abstract Objects in Discourse* 中提出了"抽象实体回指"(abstract entities anaphora)概念,专指由抽象实体作为先行语的回指现象。抽象实体是指命题、概念、事实或者事件,例如:

2. （a）Sam suspects that [either Fred is at a party or he is at a bar].
　　　　Jenny thinks <u>that</u> too. （命题）
　（b）John [ate the funny looking SOUP]. John got sick. He went
　　　　to the hospital. But George did <u>it</u> too, and he didn't get sick at
　　　　all. （概念）
　（c）[John went to pick Mary up for the dance. But he had
　　　　forgotten the corsage. That made him late. The food at the
　　　　dance was terrible, the music mediocre. Then John spilled
　　　　some punch on Mary's dress. She said she never wanted to see
　　　　him again.] <u>The outing</u> was in short a disaster. （事件）
　（d）[John did not hit Bill, and Bill did not hit John.] Those are the
　　　　<u>facts</u>. （事实）

在例 2(a)中,"suspect"是表示态度的动词,其具体对象是命题"Fred is either at a party or he is at a bar";例 2(b)中,"ate the funny looking SOUP"表达的概念是"eating the funny looking soup";例 2(c)中,一系列句子描述了 John 和 Mary 外出约会的事件;在最后的例 2(d)中,抽象实体是"John did not hit Bill, and Bill did not hit John."这个事实。

根据例 2(a~d)四个具体实例,我们可以发现,抽象实体的一个重要特征在于其无时空性、无缘由,且不能由知觉感知。从这个角度而言,事件不符合抽象实体的定义,因为事件一般依赖具体发生的时空,有前因后果,有动作的延续性,可以为知觉感知。不过,Asher 指出,事件与抽象实体关系密不可分,描述事件的句子可以转换为命题或者事实,例如 2(c)中一连串对事件的描写可以用命题"John went to a dancing party with Mary"来表述,这是回指语"the outing"的真正回指对象。因此 Asher(1993:15 - 62)在界定抽象实体时把事件也归入其中,并指出抽象实体是一个抽象程度由低到高的连续统,其中事件的抽象程度最低,而命题的抽象程度最高。

在早期研究中,抽象实体主要是哲学领域的研究问题,随着语言学的发展,不少语言学者也开始从语言的角度关注抽象实体。Lyons(1977:442 - 446)在《语义学Ⅱ》(*Semantics II*)中将客观世界分为三级实体。第一级实体(first-order entities)指存在于一定时间、空间的有形实体;第二级实体(second-order entities)指事件、过程、状态等在一定时空中发生,而不是存在的实体;第三级实体(third-order entities)指命题、言语行为等超越了时空的抽象实体。Schmid(2000)在讨论外壳名词时也认同这个观点,他指出"笼统性""抽象性"仅仅是外壳名词身份的语义前提,而不是区别性标志。名词本身并不抽象,抽象的是其指称对象。Lyons 根据时空特性标准将世界上的事物划分为三级实体给判断指称对象的抽象程度提供了依据。Asher 对抽象实体的界定也借鉴了 Lyons 的理论,他划分的抽象实体主要包括 Lyons 的第二、第三级实体。

在界定抽象实体范畴的基础上,Asher 提出回指是从语言视角分析抽象实体的切入点。回指是人们用以指称抽象实体的一个重要语言结构,所以回指是语言学对抽象实体展开研究的一个重要视角。从先行语语言形式角度而言,抽象实体回指关系中的先行语主要是小句、句子或者句群,因此对抽象实体回指的研究不可避免地要对语篇、语段进行分析。Asher 在修辞结构理论(Rhetorical Structure Theory, RST)、语言语篇模型(Linguistic Discourse Model, LDM)和语篇表征理论(Discourse Representation Theory, DRT)的基础上,提出了语段表征理论(Segmented Discourse Representation Theory, SDRT)用以分析语篇结构和抽象实体回指。该理论强调语篇信息的层级性,语篇层级关系不仅表现了语篇信息结构,还推动了语篇的发展。针对语篇中以句子、句群为先行语的回指现象,Asher 提出了"可得性"(availability)和"理据性"(well-foundedness)两个约束原则,前者在确认回指对象过程中起主要作用,而后者负责排除不可能因素。

以 Asher 的抽象实体回指理论为指导,学者们对实际语料开展分析。刘东虹(2014:73)通过对三种文体语料中抽象回指的统计分析,得出结论"抽象实体回指主要出现在议论文中"。学术语篇是比较典型的议论文体裁,抽象实体回指为学术语篇中回指现象的研究提供了一个重要视角。熊学亮、刘东虹是国内研究抽象实体回指的代表性学者。

熊学亮、刘东虹(2007)介绍了抽象实体回指,指出这类回指是议论文中的一种重要且特别的回指类型,其所指主要是概念、命题、事件,与具体事物的回指有很大的区别。抽象实体充当的先行语,其表现形式可以是短语、从句、句子或句群,而传统具体实体回指中的先行语主要是名词或者名词短语。传统的回指研究主要分析叙述性语篇中的名词性回指,因此相关理论在分析抽象实体回指时解释力不足。抽象实体回指语与具体事物回指语在语篇环境中的分布情况不相同,从一个侧面说明 Airel(1990)所提出的指称可及性理论的解释力有不足之处。

熊学亮(2010)重点介绍了语段表征理论,他认为该理论是动态语义学中最适合解释抽象回指现象的理论。根据语段表征理论,研究者可以通过分析语篇修辞关系确定语段的话题,并将其作为相关抽象实体回指的附着点。根据该理论,熊学亮分析了抽象实体回指语的不同类型及评价功能,以及语料中出现频率高的回指形式。通过对语料中抽象实体回指命题先行成分和回指语的具体分析,熊学亮指出自然语料和人造语料在复杂度上存在差异,这为进一步研究奠定了基础。

刘东虹(2009,2014)在真实语料的基础上,重点从英汉对比的视角分析了书面语篇(主要是议论文体体裁语篇)中的抽象实体回指。她具体分析了英汉抽象实体回指语在语篇中的分布环境,并将其和具体实体回指语在语篇的分布情况进行了比较,发现英汉抽象实体回指有许多相同之处,不仅表现在指示词语的使用频率上,也体现在先行语和回指语的语篇位置关系分布频率方面。总之,和具体实体回指相比,英汉抽象实体回指之间存在着很多共性。此外,刘东虹还分析了抽象实体回指语在语篇中的语用功能,并将英汉回指语的功能进行了比较。

刘东虹(2008)不仅参照 Asher 的语段表征理论对语篇中的抽象实体回指展开研究,还根据真实语料的分析结果对理论提出修正。刘东虹指出,虽然 Asher 的“语段表征理论”是分析抽象实体回指最合适的理论,但也存在不完善的地方。回指研究的一个重点是解岐,即通过确认先行语来确定回指语的具体所指对象。Asher 的理论对歧义有较高的容忍度,认为抽象回指语的在先行语段中的附着点不只一处(即“高附着”和“低附着”),不同的附着点处理方式不同,“高附着”对应“宏观策略”,“低附着”对应“近处理策略”。刘东虹认为 Asher 夸大了认知差异,实际上这种做法并不可行,因为出于交际的共同目标,交际双方语篇理解趋同。事实上,通过对三类语篇的分析,“宏观策略”是占主导地位的倾向性策略,而读者对所指的理解也具有强烈的倾向性。

抽象实体回指研究语料不限于学术语篇,不过因为抽象实体回指在议论文体裁语篇中出现的频率最高,而学术语篇是比较典型的议论文体裁语篇,因此可以说抽象实体回指研究为学术语篇回指研究提供了宝贵的理论方法和研究经验。此外,需要指出的是,因为抽象实体先行语主要是小句、句子和句群,所以抽象实体回指研究主要关注句子性回指,例如熊学亮和刘东虹(2007)、熊学亮(2010)、刘东虹(2008,2009,2014)的研究都不包括名词性回指,除非先行语形式为带有命题的名词短语。严格地说,抽象实体回指并不等于句子性回指。Asher(1993:16)在研究抽象实体过程中指出,抽象实体(特别是事件)也可以用名词短语来表达,例如"Fred's love for sue",所以事件性抽象实体回指先行语也可以是名词短语,例如:

> 3.〔The destruction of the city〕amazed Fred. <u>It</u> had been bloody.
>
> (Asher, 1993:35)

当然,Asher 本人也没有把例 3 这类的回指作为研究重点,他关于抽象实体回指的研究主要还是围绕着句子性回指展开。

2.3　小结

本章回顾了语言学回指研究的发展历程,特别是学术语篇回指的相关研究。综合本章文献,传统的回指研究主要关注名词性回指,且研究对象多集中于叙事性故事语篇,而外壳名词研究和抽象实体回指的关注点都放在了语篇(特别是学术语篇)中的句子性回指。我们可以看到,学术语篇中的名词性回指在研究中所获得的关注很少,然而根据作者对学术期刊论文语料的初步观察,学术语篇中也存在大量名词性回指,且绝对数量远超句子性回指。因此,本书拟将英汉期刊论文中的名词性回指和句子性回指都纳入研究范围,前者是传统回指研究的关注对象,但在学术语篇回指研究中不受重视;后者是学术语篇回指现象的一个重要特征,是研究学术语篇回指不能回避的研究点。而且,无论是名词性回指还是句子性回指,从回指编码的视角而言,两种回指关系中的回指语都可以选择代词形式或者名词形式,这是两种语篇回指类型的共同点,而本书的研究重点正是回指语的编码选择以及影响选择的多种因素。第 3 章将主要分析回指语编码选择的影响因素并构建本书的分析模型。

回指语形式选择倾向分析模型

在第 2 章中,作者简略地回顾了回指研究的发展历史,并重点介绍了学术语篇回指的相关研究。本章主要在前人的理论模型基础上提出回指语形式选择倾向分析模型。主要分三部分,首先介绍回指形式选择的三种分析模型,其次分析回指语和语篇实体认知状态的关系以及语篇实体认知状态的制约因素,最后在现有理论模型特别是认知模型的基础上提出本书分析回指语编码选择的理论分析框架。

3.1 语篇中回指语形式选择制约因素的三种分析模型

根据回指研究在语言学领域的发展过程,我们发现对回指现象的研究视角从句内到语篇,从语言结构到认知思维在不断发展变化。在这个过程中,学界对回指现象的理解也愈加深刻。本书的研究对象是学术期刊论文语篇中的回指现象,语篇回指研究的一个中心问题是回指语形式的选择,或者也可以理解为某种回指语形式在语篇中的分布情况。语篇中的某个指称对象对应一组可能的语言编码形式,理论上选用哪个回指形式是说话人的主观选择;但实际上在语篇生成的动态过程中,在特定语篇位置上,说话人总是选择一个合适的、而不是任意的形式来回指某个对象。制约回指语选择的因素有哪些,这是语篇回指关注的一个重要课题。国内外学者提出了各种不同的观点,总的来说可以归纳为三种分析模型:话题连续模型、语篇层级模型和认知模型(Huang,2000;Tomlin,2007)。这是本书分析框架的理论基础,因此本章先介绍一下这三个分析模型。

3.1.1 话题连续模型

在功能学派中,除了 Halliday 的衔接理论,还有不少学者对语篇回指做出了

重要的理论贡献,话题连续模型的代表人物 T. Givón 就是其中之一。Givón
(1983)提出话题连续模式(Topic Continuity Model),其理论基础就是回指形式
的编码基本上取决于话题连续性。影响话题连续性的因素包括:话题在当前语
域中消失的时间长短、其他话题的潜在干扰、语义信息的可及性,以及主题信息
的可及性。以这些影响因素为基础,Givón 提出测量语篇话题连续性的三个标
准:①指称间距,测量语篇中先行词和回指语之间的线性距离,即先行词和回指
语之间间隔的小句数量;②潜在干扰,测量先行词和回指语之间可能存在的会影
响话题可及性的指称对象数量;③话题持续,测量话题在后续的小句中的持续
性,即话题在后续多少小句中能持续性地充当语义论元(Givón,1983:12 - 15)。
在这三个测量标准中,指称间距被认为是制约回指形式选择的最重要因素,因此
Givón 的话题连续模式也被称为距离模式(Tomlin,1987)。根据话题连续模式
理论,如果指称间线性距离短、潜在干扰的话题少、话题持续得远,则倾向于使用
零形式或代词回指话题;相反,如果指称间线性距离长、潜在干扰的话题多、话题
不连续,则倾向于使用名词形式回指话题。Givón 根据测算结果,将不同形式的
回指语排列形成话题连续性/可及性等级(topic continuity/accessibility
hierarchy)。具体排列如下:

连续性/可及性最强话题

零形回指
非强调的/限制代词和语法一致性
强调的/独立代词
右偏置定指名词短语
中性排列定指名词短语
左偏置定指名词短语
Y -移动名词短语("对比话题化")
分裂/焦点结构
指称性不定指名词短语

连续性/可及性最弱话题

(Givón 1983:17)

Givón 的话题连续模式揭示了语篇层面不同形式回指语分布的一些规律特
征,从语篇语言形式角度分析了回指语形式的制约条件。当然,Givón 关于话题
连续性模式的早期研究主要侧重线性距离和回指形式之间在语言表层的对应关

系,而没有更深入地分析其认知原理。但是他提出的影响话题连续性的因素及其测算方法给予后来研究语篇回指的学者很大启发,例如 Ariel(1988,1990)就借助指称语间隔线性距离、竞争性等测算因素从认知的角度探讨了回指语概念可及性。

3.1.2 语篇层级模型

话题连续模式主要从线性距离方面讨论语篇回指的制约条件,功能学派的另一位学者 Fox(1987)则从语篇层级结构(修辞结构)角度分析影响回指形式的语篇条件。语言在语言层面的表达是线性的,但是语言所传达的意义并不总是简单线性排列的,一个语篇表达的意义内部存在层级关系,而语篇的层级结构(或者修辞结构)是影响回指语选择的最重要因素,这就是语篇层级模型的基本观点。根据语篇层级模型,某个语篇实体首次引入语篇一般用名词形式,之后在同一语篇结构单位内再次提及该实体时,倾向于用零形式或代词形式来回指它;当该语篇实体跨越到新的结构单位之后,则倾向于用名词形式来回指它。语篇结构单位指话轮、段落、情节、事件、主题等语篇形式。

Fox(1987:78)提出了语篇修辞结构理论(Rhetorical Structure Theory),指出语篇中的信息流、语篇结构和回指语的使用之间存在紧密联系。她认为回指语具体形式的选择和语篇层级结构之间相互影响,所以在分析不同回指语形式分布状态的过程中她采用两种描写模式:语境决定回指语使用(context-determines-use)和回指语使用完成语境(use-accomplishes-context)(Fox,1987:16)。前者说明语篇层级结构很大程度上决定了具体回指语形式的选择,同时,具体回指语形式的使用参与构建了语篇的层级结构。

Fox 分析了英语第三人称单数指称形式在英语口语语篇和说明性书面语篇中的回指分布模式,并将两种分布模式做了对比性分析。此外,她还具体分析了在不同性别指称语篇环境中的回指分布模式和在同一性别指称语篇环境中的回指分布模式。Fox 在对修辞结构理论的修正和发展的基础上提出了对名词回指和代词回指在语篇中分布规律的完整论述。

Fox 的研究证实语篇中的回指分布受语篇层级结构的影响,克服了话题连续模式只重线性距离的缺陷,为语篇层面的回指研究提供了新的研究视角。更重要的是,语篇层级模型也给认知语言学家提供了灵感。Tomlin(1987,1991)在其研究中指出,语篇层级反映了人类有限的认知能力,人的注意力在跨越语篇结构单位时下降,从而影响回指语形式的选择。

当然,语篇层级模型主要还是从语言表层的角度分析语篇环境对回指语形式选择的制约作用,没有过多关注语篇层级和回指语形式互动背后的认知过程。

而且,语篇层级模型认为语篇层级结构是影响回指语选择的最重要因素,忽略了语篇中最直观的线性距离因素,也有失偏颇。

3.1.3 认知分析模型

通过文献综述,我们看到越来越多的学者从认知的视角分析回指现象。因此也有很多学者从认知的角度构建语篇回指语选择制约因素的分析模型。其中比较有代表性的是 Ariel(1988,1990)的可及性分析模型。

可及性分析模型的理论基础是 Ariel 的可及性理论(accessibility theory)。该理论是以心理学中可及性(accessibility)概念为核心,在 Givón(1983)的话题连续模式理论的基础上,吸收了 Sperber 和 Wilson(1986)的关联理论(Relevance Theory)而形成的。"可及性是一个从心理学中借用来的心理语言学概念,通常指一个人在说话时,从大脑记忆系统中提取一个语言或记忆单位的便捷程度,因而又可称便取度"(许余龙,2000)。Ariel(1988,1990)提出的指称可及性沿用了这一概念,在语言表现层面它是名词性短语的一种篇章语义属性。在交际过程中,说话人往往用特定形式的名词性短语来指称某一事物,这个名词短语就是指称词语。指称的表达形式与在认知过程中获取指称语所指实体信息的难易程度之间有着明显的关联,这种关联就是指称形式的可及性。在任何一种语言中,说话人如果使用某个指称表达谈及某一个人、事物、观点等具体或抽象实体,所指称的对象势必出现在某个语境中。Ariel(1985)根据语境材料来源将语境分为三类:一般或百科语境(general or encyclopedic knowledge)、物理语境(the physical environment of the speech event)和语言语境(the linguistic context),并把不同的语境信息标识(givenness marker)对应于不同语境:专有名词和有定描述语是知识已知标示(knowledge givenness markers),指示词语是有形实体已知标示(physical givenness markers),而代词是上下文已知标示(linguistic givenness markers)。但在其后续的研究中,Ariel(1988,1990)发现语境信息标识语和语境之间并不是绝对对应关系,并且更重要的是三种语境中的实体,归根到底都是听话者头脑中的认知心理实体。这意味着百科语境、物理语境和语言语境中的实体,事实上都是某个有形实体或抽象概念的心理表征(representation),都是通过感知和理解建立的,并没有本质区别。不同语境对应的指称表达本质上属于同一体系,因此 Ariel 放弃了语境信息标识语假说,并改用可及性标示(accessibility markers)来取代原来的语境信息标识语。她认为在语篇交际中,所有实体表征的提取实则都是该表征在记忆系统中的激活,激活从语言语境中刚提到的一个实体的表征往往很容易,而首次激活百科知识中某一实体的表征则往往要困难得多。这种实体表征可激活的难易程度就是可及性。不同的指称形式可以标示实体表征激活的不同难易度,指称表达的这一标示功能就被称为可及性标示。并且 Ariel 一再强调可及性可通过不同的指称形式表达,即有不同的可及性标示对应不同强度的可及性,但是不同的可及性标示之间没有绝对明确的界限,所有可及性标示共同组成一个连续的统一体,反映了可及性在认知上的连续性。

在可及性理论基础上,Ariel(1990)又进一步提出了研究指称编码与可及性关系的量化分析模型——可及性标示等级(accessibility marking scale)理论假设。不同的指称编码形式就是不同的可及性标示,因为可及性在认知上是连续的,所以不同的可及性标示构成一个连续的完整系统,即可及性标示等级。在这个连续系统中,不同强度的可及性对应不同的可及性标示,即不同的指称形式。至于可及性强度,Ariel 认为影响语篇实体在心理空间中可激活的难易程度主要取决于四个因素:①距离(distance),即先行词与回指语之间的间隔距离,一般通过两者间隔的小句数量来测量;②竞争性(competition),即可能作为回指语先行词的名词性短语数量;③显著性(saliency),先行词是否为显著性指称对象,主要在于其是否充当话题;④一致性(unity),即先行词与回指语是否处于相同的认知框架/世界/观点/语篇片段或段落内(Ariel,1990:28-29)。Ariel(1990,1994)又进一步把这四个因素归纳为两个主要因素:竞争性和显著性可归纳为先行词的显著性;距离和一致性可归纳为先行词和回指语的关系。

Ariel 认为,可及性强度是以上四个因素综合作用的结果,并且在四个因素中距离因素占据突出地位,也是 Ariel 进行可及性量化统计研究的主要测量手段。通过对英语语篇的统计分析,Ariel 总结了英语可及性标示等级体系:

低可及性
　　全名+修饰语
　　全名
　　长有定描述
　　短有定描述
　　姓
　　名
　　远称指称词+修饰语
　　近称指称词+修饰语
　　远称指称词(+名词短语)
　　近称指称词(+名词短语)
　　重读代词+手势
　　重读代词

代词

缩略代词

极高可及性标示语(如空语类等)

高可及性

（Ariel，1990：73 略作修改）

Ariel 可及性理论的重要贡献在于其揭示了回指语符号编码及其所构成的回指系统背后的认知动因。可及性理论认为回指实质上是对记忆系统中某一概念实体的提取，由于不同的概念实体在记忆系统中被激活的程度是不同的，所以其提取的难易度也是不同的。这种难易度在语言层面则表现为不同的回指语符号编码，即回指语的形式差异正是认知层面可及性高低程度的反映。从认知规律上讲，越是可及性低的概念实体越难提取，越需要在提取时辅以较多的提示性信息，因而其对应的回指语内涵意义越丰富，形式结构也越复杂（高卫东，2008：18）。可及性理论把回指系统背后认知层面概念实体的激活状态与语言层面的回指语符号编码联系起来，从认知的角度提出了回指系统的分析方法，把语篇回指的研究在认知语言学领域推向新的高度。Ariel 的理论对中国学者有很大影响，以许余龙（2004）、高卫东（2008）等为代表的中国学者以可及性理论为基础做了大量理论探讨和实证研究，其中既有对汉语回指系统的可及性分析，也有英汉回指语可及性对比研究，取得了令人瞩目的成果。

除了 Ariel 的可及性分析模型，还有不少学者从认知的角度构建回指语选择分析模型。Prince（1981：235）认为："语篇是一组说话人向听话人发出的关于如何建立一个特定语篇模型的指令。而一个语篇模型则包括语篇实体、实体的属性和相互关联性。"关于语篇实体的信息状态，她（Prince，1981：233）提出了"假定熟悉度"（assumed familiarity）来取代"已知性"（givenness）。此处 Prince 讨论的信息状态实质上就是语篇实体的认知状态。根据说话人假定听话人对语篇实体信息状态的熟悉程度，她提出了一个熟悉度层级（familiarity scale）（Prince，1981：245），具体如下：

假定熟悉度（assumed familiarity）（从高到低排列）

语篇或情景诱发的（textually or situationally evoked）＞未使用的（unused）＞可推测的（inferable）＞包含可推测的（containing inferable）＞全新锚定的（brand-new anchored）＞全新未锚定的（brand-new unanchored）

Prince 的分类突破了传统新旧信息二分法，提出了更多可能的认知状态，她的理论对 Ariel 的可及性理论有很大启发。

Chafe(1987:21)在他本人之前对信息流(information flow)的研究成果(Chafe, 1973;1974;1976)基础上,指出如果要理解说话人在操作"已知和新的信息"(given and new information)、"主题和评论"(topics and comments)等语言单位时大脑中到底发生了什么,那么应该认识到这些术语所指的语言现象是认知过程的反映;如果不能解释语言现象背后的心理现象,那么是无法完全理解这些语言现象的。并且,由于之前学者们以不同视角使用"已知信息""新信息""主题""评论"等概念,这些概念特别容易引起误解,所以 Chafe 就用新的术语"已经激活的"(already active)和"之前未激活的"(previously inactive)来替代"已知的"和"新的"这两个术语,以更好地讨论语言所表达的概念(concepts)。

Chafe(1987:25)把激活状态分为三类:"激活的"(active)、"半激活的"(semi-active)、"未激活的"(inactive)。任何一个特定的概念,在特定的时间节点,可能处于其中的某一个状态。

Chafe(1987:28)认为在语篇中,一个概念的三种状态会相互转换。之前未激活的概念转换为激活的概念;之前半激活的概念转换为激活概念;之前激活的概念转换为半激活的概念。特别是第三种转换,Chafe 指出,如果语篇中一个概念的激活状态不能被持续刷新(refreshed)的话,它就会经历惰性化之后变成一个半激活概念。关于前两种转换,Chafe 认为它们没有什么区别,对此笔者表示不认同。因为半激活和未激活毕竟是两种不同的状态,它们转变为激活状态理论上也应该存在不同,或者说,Chafe 的分类对认知状态程度的分类和相互转换的解释仍不够完善。

Gundel(1993)指出现实语言交际中,人们可以用不同的语言形式指称同一对象,而同一语言形式可以被用来指称不同对象。因此指称研究的一个重要问题是什么样的大脑信息使说话人选择某一个合适的指称形式? 什么样的大脑信息使听话人正确地找到指称形式所指对象? Gundel 认为回答这两个问题要从指称形式和认知状态的关联性(correlation)入手,提出不同形式的限定词(determiners)和代词形式(pronominal forms)标示了不同的认知状态。他把认知状态分成六类,并按激活程度将这六种状态依次排列成已知性等级(the givenness hierarchy):

注意中心>激活的>熟悉的>唯一可识别的>有所指的>可识别的类

在认知状态分类理论假设的基础上,Gundel 等人对汉语、英语、日语、俄语、西班牙语等五种语言开展研究,分析了这些语言中与不同认知状态相对应的指称形式,并在此基础上提出已知性等级具有语言普遍性。

此外,Kibrik(1996,1999)的认知计算模型和 Tomlin(2007)的认知激活模型改进了前人的研究方法,提出引入多个具体因素分析回指语的选择倾向。虽然以上这些理论所用的术语各不相同,但它们的基本观点是一致的,即回指语形式编码的选择对应回指对象在交际双方大脑中的认知状态(记忆系统中的状态)。根据这个观点,回指语形式应该反映回指对象实体在记忆系统中的状态,也就是Ariel 提出的"可及性状态",或其他学者提出的"熟悉程度""激活度"或者"已知状态";反过来说,也就是对象实体的认知状态会制约回指语形式的选择。

3.2　回指编码和语篇实体认知状态

3.1 节介绍了语言学领域分析回指编码选择的三种理论模型。这三种分析模型是随着语言学对回指研究的逐渐深入而发展的。本书从认知语言学的视角研究语篇回指,因此主要借鉴认知分析模型。根据认知分析模型,回指语形式编码的选择对应回指对象在交际双方大脑中的认知状态。

何为回指? 如果只是从语言形式层面而言,简而言之,回指就是说话人以某种语言形式重复之前在语篇中出现过的某个语言成分。该描述类似于Bloomfield(1933:247)从结构主义视角对"替代"(substitution)的定义,当然,Bloomfield 的定义没有明确区分"指称"和"回指",其外延比现在的回指概念的外延显然大得多。然而,随着语言学理论的逐步发展,学者们对语言现象的关注焦点逐渐从语言结构描写转向语言现象背后的发生机制。在这种趋势下,对回指现象的研究也早已突破语言现象层面的分析,而深入到认知层面对回指系统进行探讨。

从认知心理视角出发,"回指确认是整个篇章理解过程中的一项子任务"(许余龙,2004:10)。许多研究者认为,语篇的理解过程是语篇的心理表征(mental representation of the discourse,以下简称"语篇表征")的建立过程。在此过程中,每当听话者或读者(以下简称"听话者")遇到一个指称词语时,他或在自己大脑中的语篇表征里建立一个代表那个指称词语所指的语篇实体,或从语篇表征中取出某个已经建立的语篇实体,用于理解那个指称词语。前者通常发生在语篇实体首次引入的时候,而后者便是我们关注的语篇回指理解过程(许余龙,2002)。所以,认知心理学派的语言学家把回指研究的焦点直接放在人的认知层面。

回指现象和人的认知心理关系极为紧密。从认知视角而言,更具体地说,从语篇生成和语篇理解的角度而言,回指形式在认知层面表现为语篇实体

（discourse entity）。语篇实体就是说话人或听话人在语篇交际过程中,使用或听到一个指称词语时,在大脑认知层面中建立的对应心理表征。需要强调的是,语篇实体是一个认知心理概念,而不是一个语言单位,指称形式才是它的语言表达式。两者互为表里,关系密不可分。语篇理解的一个关键问题就是构建局部或整体连贯性,而连续的话语常常是以一系列的语篇实体为中心而展开的。在语言层面,"用来指代语篇实体的指代词形式是影响语篇连贯性和可理解度的一个重要因素"(李晓庆、杨玉芳,2004)。

从认知心理视角分析回指现象的语言学家基本都认同回指编码取决于语篇实体在交际双方记忆系统中的认知激活状态。然而,回指编码到底是依据"谁"的认知状态? 不同的学者持有不同的意见。语篇是一种言语交际行为,而交际过程中必然包含两方面交际参与者:说话人(包括书面语篇的作者)和听话人(包括书面语篇的读者)。De Beaugrande(1972:1-12)在分析何为语篇时提出了语篇构成的七个标准,其中两个标准直接和参与语篇交际的双方有关,分别是意愿性(intentionality)和可接受性(acceptability)。意愿性就是语篇生产者(说话人)说/写的句子应该衔接且连贯,以保证构成的语篇能实现说话人的交际目的和意图;而可接受性是指语篇中的句子应该是衔接且连贯的,以保证对语篇接受者(听话人)而言语篇是有用或相关联的。作为构成语篇的标准,意愿性和可接受性是相辅相成的。为了理解说话人的意图,听话人要维护他所接收到的语篇的衔接性和连贯性;而说话人则要不时地评估他产生的语篇对听话人而言的可接受程度,以保障生成的语篇是听话人能理解的。De Beaugrande 提出的意愿性和可接受性两个标准包含了一个重要观点:语篇生产过程中,说话人要评估语篇的衔接与连贯能否为听话人所接受。虽然 De Beaugrande 主要还是从功能的视角分析语篇,但他关于说话人对听话人语篇理解的评估也适用于从认知角度对回指语的分析。

在可及性理论中,Ariel(1990,1991,1994)指出不同形式的指称语就是不同的可及性标示,这是说话人对听话人作出的关于指称形式所指的语篇实体在整个语篇表征中的可及程度的提示。而要作出这样的可及性提示,说话人要把听话人的认知状态纳入参考范围。因此 Ariel 认为回指编码要依据说话人对听话人认知状态的评估,Chafe(1987)、Levelt(1989)、Gundel(1993)几位学者也持同样的观点,认为分析回指编码要考虑指称形式对应的语篇实体在语篇交际双方记忆系统中的认知状态。这个观点强调把说话人和听话人的认知因素都纳入回指编码的分析中,考虑得比较客观、全面,但是这个观点存在一个重要的问题:在回指编码过程中说话人要评估听话人的认知状态,但这个评估真的客观吗? 回指编码取决于交际双方的认知因素这个观点看似客观,但事实上说话人对听话人认知状态的评估仍然是个非常主观的行为,而说话人的主观判断能否反映听话人真实的认知状态呢? Levelt(1989:145)在分析说话人如何评估指称对象在听话人记忆系统中的可及性状态时指出,对评估真正起作用的是说话人的判断,而不是听话人真实的可及性状态。Levelt 所说的可及性状态就是我们讨论的语篇实体认知状态,也就是说,即使回指编码取决于说话人对听话人认知状态的评估,但这种评估仍然是说话人的主观行为。

综上所述,指称编码取决于交际双方认知状态的相互作用。在语篇交际行为中,说话人必须要考虑指称编码能否为听话人所理解,因此他对指称进行编码时要评估听话人的认知状态,而这种评估受主观和客观两方面因素的影响。主观因素方面,指称编码本质上是说话人的一个主观行为,即使说话人对听话人的评估也是以自身的认知状态为基础的,所以使用何种指称语形式本质上取决于指称语对应的语篇实体在说话人记忆系统中当时的认知激活状态;在客观因素方面,指称编码是说话人的一个主观行为,但说话人使用不同形式的指称编码并不是完全主观任意的。说话人不仅要受自身认知激活状态客观变化的影响,还要把听话人的认知状态作为指称编码时的一个重要参考因素。总之,语篇中不同形式指称编码的使用取决于说话人对语篇实体认知状态的评估,并且这个过程是要遵循一定的客观规律的。

3.3　语篇实体认知状态的制约因素

前文讨论了回指形式与对应语篇实体认知状态的关系,认知状态制约了指称形式的选择,指称形式反映了语篇实体的认知状态。Ariel 的"可及性"、Prince 的"熟悉度"、Chafe 的"激活度"、Gundel 的"已知性"等概念反映的都是这种密切联系。

综合学者们关于认知状态的分类假设,本书认为,语篇实体认知状态是一个连续统,两端分别为:高度激活状态,这种状态下的语篇实体处于工作记忆的中心;未激活状态,这种状态下的语篇实体要么位于长期记忆中未被激活,要么是还没有在记忆系统中建立表征。工作记忆(working memory)指记忆系统中小规模且不断更新的信息存储,是现代认知心理学的一个重要研究领域(Kibrik,1999)。工作记忆概念类似于 Chafe(1987)所说的"意识"概念和 Gundel(1993)在分析"激活的"和"注意中心"两种认知状态时所用的"短时记忆"概念。在认知心理学领域,工作记忆的概念是从对短时记忆系统的研究中提取出来的,因为心理学家们在研究中发现早期短时记忆系统模型不够完善。Baddeley 和 Hitch 于 1974 年提出这个概念用以说明短时性的(信息)存储与加工(鲁忠义,2003:1-

7)。本书认同 Kibrik(1999)的做法,借用工作记忆这个概念。如果语篇实体位于工作记忆的中心,其认知状态激活度最高。长时记忆是环境之外的另一个信息来源(安德鲁,2016:168)。

语言学家们认为最高和最低认知激活中间的认知状态是一个持续变化的过程,在此基础上他们认同一个理论假设:

> 如果指称对象的语篇实体在说话人工作记忆中高度激活,其一般被编码为简略的名词性成分(代词回指或零代词回指),而语篇实体在工作记忆中的激活程度低于某个阈值,其被编码为完整的名词性成分(名词短语)。
>
> (Kibrik, 1999)

回指是一种特殊的指称形式,指称形式与认知状态的关系同样适用于解释回指形式与认知状态的关系。那么语篇中回指形式的选择是受认知状态的制约,我们继续要追问的是:说话人如何判断语篇实体的认知状态呢? 或者说,语篇实体认知状态受哪些因素制约呢? 这是语言学研究回指语选择的焦点。

当一个指称对象引入语篇之后,在记忆系统中形成心理表征——语篇实体,而语言事实告诉我们,当在后续语篇中多次提及该对象时,说话人可能会使用不同的回指形式。根据之前的理论假设,显然同一对象的语篇实体在不同时候、不同的语篇环境中的认知状态是不同的。那么语篇环境是如何影响语篇实体的认知状态呢?

关于影响语篇实体认知状态的制约因素,综合前人的研究思路以及具体分析方式,本书认为大致有三种思路:语篇距离模式、语篇片段模式、认知状态多因素模式。

3.3.1 语篇距离模式

语篇表征中引入某个实体后,随着时间的流逝,该实体的激活度会慢慢消退,一般而言,时间越长,实体的激活度就变得越低。而时间的变化反映在语篇中是和语篇距离密切相关的,一般而言,时间越长则产生和理解的语篇篇幅越长,也就是语篇距离越长。因此有些学者,例如 Clancy(1980)、Givon(1983)、Ariel(1988,1990)等,从语篇距离的角度分析回指形式的选择。当然 Clancy(1980)和 Givon(1983)主要还是侧重从功能的视角进行分析,而 Ariel(1988,1990)则明确地把认知因素引入指称现象的分析。简单而言,语篇距离模式的思路就是:先行词和回指语之间的语篇距离越短,对应的时间越短,语篇实体激活度消退得少,所以实体保持了较高的激活度,反映在语言层面上选择用简略的回指形式;相反,先行词和回指语之间的语篇距离越远,对应的时间越长,语篇实体激活度消退得越多,所以实体激活度明显降低,反映在语言层面上选择用复杂的回指形式。当然 Ariel 没有直接用"认知激活度"这个术语,而是采用了"可及性"这个术语,但"可及性"本质上反映的就是语篇实体的"认知激活度"。

需要指出的是,Ariel(1990:28-29)在分析影响实体可及性时提出了四个影响因素:距离、竞争性、显著性和一致性,语篇距离只是其中之一,因此 Ariel 在理论层面分析认知激活度影响因素时考虑得比较全面;但是在实际操作中 Ariel 的可及性量化统计方式还是以语篇距离为主要标准。Ariel 的可及性量化统计方式是测量语篇实体认知状态的可行方法,并且具有较好的可操作性,因此不少中国学者(许余龙,2000,2004;王义娜,2006;刘东虹,2013 等)都借鉴了 Ariel 的方式。

不过,Ariel 的可及性量化统计方式还是存在着缺陷。首先,可及性量化统计方式以语篇距离为测量标准,但是从语篇距离角度而言 Ariel 提出的"同句""前句""同段"和"跨段"分类标准有局限性。正如许余龙(2004:95)指出的那样,"将是否跨句和跨段作为衡量篇章间隔距离的标准,这一标准本身就有其局限性。"因为实际上有时候先行词和回指语分布在不同段落,但两者之间的距离可能比"同段"还短。笔者认为 Ariel 的分类标准实际上是把"语篇距离"和"语篇边界"两种标准糅杂在一起,自然不能准确地反映语篇距离。其次,更重要的是,以语篇距离为标准分析语篇实体的认知状态本身就存在局限性。因为以距离为标准对语篇中回指形式的统计结果并不总是符合关于指称形式和认知状态关系的理论假设。Tomlin(1987:456)就指出完整的名词短语形式回指语可能用在语篇距离很近的位置。而代词回指形式也可能用在距离语篇较远的位置。这些无法回避的语言事实说明语篇距离模式虽然有较强的可操作性,但也存在难以克服的局限性。

3.3.2 语篇片段模式

因为以语篇距离为标准分析实体认知状态的模式存在缺陷,一些学者(Fox,1984;Tomlin,1987,1991)提出从语篇边界的角度分析回指形式的选择。语篇片段模式认为语篇不单纯是线性的,而是由不同层级片段组成的结构组织。句子、段落等就是语篇内部结构的边界,而回指形式的选择与语篇片段密切相关。Tomlin(1987,1991)认为语篇距离模式存在缺陷,因为根据该模式的理论假设,语篇距离较近,对应实体认知激活度高,反映在语言层面,回指形式较简单;反之亦然。但实际上却存在相反的语言事实,较近的语篇距离可能对应较复杂的回指形式,而较远的语篇距离也可能对应较简单的回指形式。Tomlin 分别在 1987年和 1991 年就英语回指和汉语回指做了两个心理实验(详见 3.2 部分),从中他得出结论:语篇片段结构和边界才是实体认知状态的决定性因素。如果先行词和回指语出现在两个语篇片段中,由于边界的分割,回指语实体的认知激活度低,倾向于选择较复杂的回指形式;如果先行词和回指语出现在同一个语篇片段中,由于没有边界的分割,回指语实体的认知激活度高,倾向于选择较简单的回指形式。

但是 Tomlin 的结论是基于其心理实验得出的,在实验中他使用的不是自然状态的语篇,而是几组人为分割边界的语篇片段。他(1987:475)也承认语篇片段模式存在的缺陷在于很难在自然语篇中明确无误地划分语篇片段和边界。因此他的方式不适用于自然语篇分析。

3.3.3 多因素模式

语篇距离模式和语篇片段模式都存在缺陷,不过笔者认为,并不能因此就完全否认语篇距离和语篇片段对回指对象实体认知激活度的影响。因为语篇实体认知状态取决于多个因素,语篇距离和语篇片段是其中两个重要的因素,只强调某一个因素作用的分析模型是有缺陷的,但也不能因此就完全否定这个因素对实体认知状态的作用。

Ariel(1990:28-29)在她的可及性理论中提出了影响实体可及性的四个因素:距离、竞争性、显著性和一致性,但是在具体的可及性量化统计方式中她只是以语篇距离为主要标准分析回指形式的可及性,导致这个分析模式难以解释一些语言事实反例。Tomlin(1987,1991)对语篇距离分析模式提出质疑,他认为回指形式根本上取决于语篇实体的认知激活度,而不是语篇距离;并且他提出语篇片段结构和边界是认知激活度的决定性因素。但是之后,Tomlin(2007)推翻了自己之前的分析模型,他(Tomlin, 2007:180)指出之前(Tomlin, 1987,1991)把认知激活度与语篇片段结构和边界绑定,并将后者作为选择指称形式的决定因素的模式是有局限性的,因为这种模式的理论观点把实体激活度过于简化,忽视了认知的复杂性。事实上,指称形式的选择受距离、时间、模糊性、片段、激活、全局规划、意愿等多种因素的综合影响(Tomlin, 2007:176)。

Tomlin 的研究是以心理实验的方式验证指称形式与认知因素的关系,不适合直接套用到较长的自然语篇分析中,不过他的研究证实了认知状态受多种因素影响。而 Kibrik(1996,1999)在分析俄语和英语语料的基础上,提出了回指认知激活计算分析模型,主张从多因素角度分析语篇实体认知状态。Kibrik 认为由于工作记忆容量的有限性,只有在工作记忆中心位置的实体激活度才最高,越到边缘实体激活度越低,而实体激活度决定了回指形式的选择。在语料分析基础上,他(Kibrik, 1996:258)提出影响实体认知状态的因素分为"先前语篇影响因素"(previous discourse)和"指称对象稳定特征"(stable properties of the referent)两类。第一类因素包括先行词与回指语的修辞距离(rhetorical distance to the antecedent)、线性距离(linear distance)、段落距离(paragraph distance)三种因素;第二类因素包括先行词的句法和语义角色(syntactic and semantic role of the antecedent)、参与者重要性(protagonisthood)、生命度(animacy)以及先行词和回指语对象是否完全等同(sloppy identity)。每个因素根据具体情况分成几个不同的项,每项的数值在 0.7~-0.3 之间(Kibrik 1996:269)。一个语篇中具体的回指对象在每个影响因素中对应一个特定的项,并被赋予对应的数值,最后把所有数值相加得到一个总的数值,根据这个数值就能判断回指形式的选择。Kibrik(1999)后来在分析英语语料的基础上删除了先行词和回指语对象是否完全等同这个因素,增添了强邻接性(super contiguity)、时/空转换(temporal/spatial shift)、弱指称对象(weak referent)、可预见性(predictability)、先行词是否具有引导性(antecedent is introductory)等五个因素。当然,不论七种影响因素还是十一种影响因素,Kibrik 的理论观点始终是一致的,即通过对认知影响因素赋值,用数学的方式求出某一特定实体的数值,并根据这个数值来判断回指形式的选择。

　　Kibrik 通过对多因素赋值的方法来分析实体激活程度与回指语选择的模式有很大的创新性,并且他的模式以自然语篇语料分析为基础,有较好的可操作性。当然,Kibrik 的模式也存在一些不足。笔者认为其最大的问题在于不同项目数值的合理性,Kibrik 赋予这些项目的数值缺乏科学依据。例如,线性距离这一因素,Kibrik 分为 1、2、3、4 和>(4)五个项目,分别对应先行词在前一小句,先行词在往前第二个小句,先行词在往前第三个小句,先行词在往前第四个小句以及更远这五种情况;这种划分以语言现实为依据,是合理的。然后,Kibrik 直接把这五种情况赋值为 0、-0.1、-0.2、-0.3、-0.5,数值越小,对应实体激活度越低。这说明从线性距离的因素来看,距离越长,对应实体激活度越低,符合 Ariel(1988,1990,1991)等学者的理论分析。但是 Kibrik 并没有给出这些数值的依据,为何是 0、-0.1、-0.2、-0.3、-0.5 这五个具体的数值?并且为何前面四个赋值各相差 0.1,而最后一个赋值和第四个赋值相差 0.2? Kibrik 没有给出明确的解释。其次,Kibrik 的模式最后就是直接把不同因素的数值相加求和,显然他没有考虑到影响认知激活度的各种因素共同发挥作用时不一定是简单相加的关系。最重要的是这种赋值方式没有认知心理实验的相关证据来支撑。

3.4　多因素回指形式选择倾向分析模型

　　3.3 小节简述了认知语言领域关于回指形式选择分析的三种方式,其中

Kibrik(1996,1999)的多因素激活计算模型是对前两种分析模型[Ariel(1988,1990)和Tomlin(1987,1991)]的综合,考虑更为全面。通过对比三种分析模型,本书认同Kibrik的思路,认为回指形式的选择是多方面因素的综合作用。Kibrik分析模型中列举的多种因素主要可以归纳为两类,即回指语所处语篇环境因素和回指语对应实体特征因素。而本书认为影响回指形式选择的还应该包括其他两方面因素。一方面是回指语的语用功能。语用学和认知语言学本质上是相通的,都属于功能主义学派,而且很多认知语言学家都认为语言研究就是研究语言的使用,这就不可避免地要考虑语言的语用功能。语篇中回指形式是说话人在使用回指语时的具体选择,因此对其选择动因的分析也要考虑具体回指形式的语用功能。另一方面是语言特征对回指形式选择的影响。前人对回指形式选择的分析多以一种具体语言为语料,不需要考虑语言特征的影响。然而一些英汉回指形式选择对比研究(例如许余龙,2000)则显示英汉回指形式的选择确实存在差异性。本书以英汉期刊论文语篇为语料,因此把语言特征因素也列为影响回指形式选择的因素之一。

综合借鉴 Ariel(1988,1990)、Tomlin(1987,1991)和 Kibrik(1996,1999)的研究成果,再加上语用功能和语言特征两方面因素,本书所构建的关键名词语篇回指形式选择分析模型具体如图3.1所示。

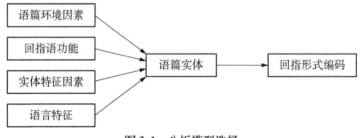

图3.1　分析模型选择

上述框架把影响回指语编码的多种因素分为四类,第一类是语篇环境因素,是回指语所处语篇环境对其认知状态的影响,主要体现在先行词和回指语的线性距离、两者的修辞距离、回指语的句法角色;第二类是实体特征因素,是语篇中回指对象实体自身的一些特征对其认知状态的影响,主要包括语篇角色的重要性、指称对象的生命度等等;第三类是回指语功能,语篇中回指语必定要承担一定的语篇信息功能,功能决定形式,回指语的功能也会对其具体编码形式产生影响;最后一类是语言特征因素,回指语归根到底是一个语言单位,难免受语言整体表达特征的影响,因此本书也将语言特征视为影响回指语编码选择的一个重要因素。

此外,在前文分析中,笔者已经指出 Kibrik(1996,1999)的分析模型有一个重大缺陷,他没有对不同项目的赋值给出合理的解释和依据,而且最后的数值计算部分也过于简单粗暴。因此本书不对实体激活度的影响因素具体赋值,而是通过对影响语篇实体认知状态的几类因素进行统计分析,从定性的角度探讨不同形式回指语的分布倾向。

3.4.1　语篇环境因素

3.4.1.1　线性距离

许多学者,如 Clancy(1980)、Givon(1983)、Ariel(1988,1990)、许余龙(2000,2004)等都把语篇中先行词和回指语的线性距离作为制约回指语选择的一个重要因素。因为语篇距离在一定程度上是时间的物质体现,距离越长时间越长,反之亦然。

Givon(1983)认为先行词和回指语的距离与回指形式选择密切相关,并从语篇功能的视角,以小句间隔为标准测算了线性距离和回指形式的关系,提出了话题可及性等级。陈平(1986)从句子间隔距离和小句间隔距离两种方式测算先行词和回指语的线性距离,其结果支持 Givon(1983)的理论。Ariel(1988,1990)在 Givon(1983)的研究基础上,指出可及性本质上是认知状态的反映,她把认知因素引入回指分析,设置了"同句""前句""同段""跨段"四个参数来分析线性距离对可及性的影响。许余龙(2004:94)指出了 Ariel 分析方法的缺陷,因为在自然语篇中,句子有长有短,有的长句可能包含多个小句。所以,可能的一种情况是先行词和回指语位于同一长句内,但是中间间隔一个或多个小句,线性距离较远;相反也有可能的情况是先行词和回指语虽然位于前后两个句子,但中间没有小句间隔,线性距离反而较近。从跨段间隔的角度看,有时候先行词和回指之间可能间隔一个甚至多个段落;也有可能先行词和回指虽然分布在上下两个段落,但是前者位于前一段的最后一句,而后者位于后一段的第一句。这种情况下,虽然先行词和回指语的语篇间隔为"跨段",但从线性距离看两者之间只有前后句的距离。

3.4.1.2　修辞结构距离

Tomlin(1987,1991,2007)、Kibrik(1996,1999)等学者的研究证明线性距离是制约语篇实体认知状态的重要因素,但不是唯一因素。语篇中还有其他因素影响实体的激活度,修辞结构距离就是其中重要的一个影响因素。

从语言形式看,语言是线性的,哪怕转换了载体,用文字表达的语言也是线性排列的;然而,语言表达的信息并不总是线性的,恰恰相反,语篇信息组成了语篇的修辞结构(rhetorical structure),而修辞结构是层级性的。

修辞结构理论(Rhetorical Structure Theory, RST)是 Mann 和 Thompson(1986,1992)提出的,该理论为分析语篇中小句间的关系提供了理论框架。RST 的基本概念是修辞关系(relations)和语篇块(text span),语篇块通常是从句。修辞关系用于描写两个不重叠的语篇块之间的关系,其具体某一关系称为语式(schema)。一个修辞关系模式中,两个语篇块组成"核心(nucleus)-卫星(satellite)"不对称关系或者"核心-核心"对称关系。Mann 和 Thompson(1992:52)对 RST 中的具体修辞关系类型持开放态度,认为修辞关系的种类不是绝对固定的,并列举了一些常见的修辞关系,如论证(evidence)、让步(concession)、动机(motivation)、评价(evaluation)等修辞关系属于"核心-卫星"关系,而连续(sequence)、对比(contrast)、并列(joint)等修辞关系属于"多核心"关系。在一个语篇中,小句信息通过这些修辞关系的纽带层层组合,形成了整个语篇模型。

修辞结构理论的提出在学界引起很大的轰动,不少学者采用该理论进行语篇分析,也有学者把该理论引入回指现象的研究,其中 Fox(1987)对英语口语语篇和说明性书面语篇中回指现象的研究对后人的研究有较大影响。Fox(1987)进一步发展了修辞结构理论,她强调语篇不仅仅是小句的线性排列,更是具有层级性的结构组织,这些结构体现了小句之间的信息关系和互动关系。Fox 认为修辞结构的最小单位是命题(proposition)。命题是语篇信息关系和互动关系中的基本单位,相比小句是一个抽象概念;命题通常在形式上等同于小句,但并不一定就是小句,例如关系从句不单独构成命题(Fox, 1987:78)。语篇中的命题构成各种修辞结构,通常修辞结构包括核心部分和辅助部分,称为核心和附件(adjunct);不过并不是所有修辞结构都包括一个核心和一个附件,有的结构只有核心,而有的则是一个核心带多个附件。Fox 列举了事件(issue)、条件(conditional)、环境(circumstance)、罗列(list)、叙述(narrate)、因果(reason)、让步(concession)、转折(opposition)、目的(purpose)、反应(response)、对比(contrast)共 11 种修辞结构(Fox, 1987:79)。此外 Fox 指出除了上述 11 种修辞结构外还有 4 种非固定修辞关系,分别是总结(summary)、结论(conclusion)、结果(result)和评价(assessment)。这 4 种关系不依附于 11 种修辞结构,可发生在一个命题和任何一个修辞结构中的命题之间。

当然,本书关注的重点不是命题之间的修辞关系,而是先行词和回指语所在命题之间的修辞结构距离。根据修辞结构理论,语篇的信息并不是线性排列的,相反它是一个由低到高、逐层叠加的层级结构。在此理论基础上,Kibrik(1996,1999)提出了修辞结构距离的概念,因为语篇信息结构是层级性的,层级间的距离就是修辞结构距离。具体而言,先行词和回指语所在的命题位于同一修辞结构层级,它们之间的修辞结构距离最近;反之,先行词和回指语所在的命题所处的修辞结构层级相差越大,它们之间的修辞结构距离越远。修辞结构反映的是语篇命题之间的信息和认知关系,而指称信息包含在命题信息之中,自然也受修辞结构的影响。Kibrik 认为修辞结构距离越远,先行词实体激活度越低;修辞结构距离越近,先行词实体激活度越高。

3.4.1.3　句法位置

除了先行词和回指语的线性距离和修辞结构距离,回指语的句法角色(syntactic role)也是影响回指实体认知激活度的重要语篇环境因素。句法角色就是回指实体在小句中承担的句法功能,主要包括主语、宾语、领属语等等。

早期关于小句中不同句法位置对名词性短语认知状态影响的研究,比较有名的是 Keenan 和 Comrie(1977)提出的"名词短语可及性等级体系"(NP accessibility hierarchy)。两位学者在句法研究中发现处于不同句法位置的名词短语在关系化(即构建关系从句)时的难度是不同的。简单而言,主语位置上的名词短语比直接宾语位置上的名词短语更容易被关系化,而直接宾语位置上的名词短语比间接宾语位置上的名词短语更容易被关系化。Keenan 和 Comrie(1977)把这种难易度称为"可及性",不同句法位置名词短语可及性构成一个名词短语可及性等级体系:

主语(S)>直接宾语(DO)>间接宾语(IO)>旁语(Obl.)>属格语(Gen.)>比较宾语(Ocomp)

在上述关系式中,从左到右,可及性逐渐降低。可及性高的句法位置上名词短语构建关系从句受到的限制较少,而可及性低的句法位置上名词短语构建关系从句受到的限制较多,甚至受到极大限制而不能被关系化。

Keenan 和 Comrie(1977)提出的"可及性"原本是指名词短语在不同句法位置上关系化时的难易程度,是属于生成句法领域的研究。Ariel(1990)提出的"可及性"是记忆系统中指称实体提取难易度。两个"可及性"概念并不相同,但是这两个概念又是有联系的。许余龙(2000)在用 Ariel 可及性标示等级模型分析汉语指称可及性的研究中,就用名词短语可及性等级体系来弥补 Ariel 理论模型中的不足。他(许余龙,2004:96))还指出,正是由于作为一个语言单位,名词短语可及性等级体系左边的名词短语(如主语)比其右边的(如宾语或介词宾语)的可及性高,所以这一名词短语也就较容易在大脑记忆系统中唤出其所指的实体表征。

Kibrik(1996,1999)从先行词句法位置的视角分析了句法位置对回指语篇实体认知状态的影响。他把先行词的句法位置分成主语和非主语两类,前者用于增强回指语篇实体的激活度,后者则相应地削弱回指语篇实体的激活度。

本书认为,回指关系涉及先行词和回指语,两者的句法位置均对回指语篇实体认知状态有影响。陈平(1991:187-193)在论述话语结构对零形回指的制约作用时指出所指对象连续性越强,选择零形回指的可行性越大。而连续性在微观层面取决于先行词的启后性和回指对象的承前性,即两者在小句信息结构中的地位。虽然陈平的论述聚焦于句子的信息结构,并没有从小句结构角度讨论先行词和回指语对回指形式选择的影响,但是他的分析从侧面说明两者对回指形式的选择均有影响。因此本书综合 Keenan 和 Comrie(1977)以及 Kibrik(1996,1999)的观点,把先行词和回指语的小句句法位置均纳入考察范围,设置主语、宾语和领属语三个主要参数。并且主语位置对应高认知实体激活度,宾语次之,而领属语对应低认知实体激活度。

3.4.2 回指语功能

语篇的构建是一个动态过程,不断变化的语篇环境会影响回指语的选择,3.4.1 部分提出的三点是语篇动态语境框架中对回指语形式选择具有重大影响的三个因素。本部分主要分析回指语功能的多样性,以及这种多样性对回指语形式的可能影响。

语言是一个符号系统,回指语就是一个语言符号。"符号的编码内容既包括其实在意义,也包括其功能意义"(高卫东,2008:87)。甚至有的语言符号没有实在意义,但有独特的功能意义,因此在语言符号系统中是不可或缺的。比如,就回指语中的代词回指语而言,单独的代词本身不对应现实世界中的具体事物,没有明显的实在意义;但在回指系统中代词回指语承担了极为重要的功能,占据了很大的使用比例。回指就是对先行语所指对象的重复,说话人在语篇特定位置使用一定形式的回指语重新提及某个先行对象。所以回指语最重要、最核心的功能就是对先行对象的"提取"功能。以往回指研究的重点主要放在回指语和提取功能有关的功能意义上,Ariel 的"可及性"、Prince 的"熟悉度"、Chafe 的"激活度"、Gundel 的"已知性"在一定程度上都和回指语提取功能密切相关。并且,因为对先行对象提取难度有变化,所以"可及性""熟悉度""已知性""激活度"也有程度之分,并对应不同形式的回指语。所以,Ariel(1988,1990)、Prince(1981)、Chafe(1987)、Gundel(1993)、Kibrik(1996,1999)的分析模型都是围绕着回指语的本质功能意义而构建的。

然而,符号往往承担着多重意义和功能,同一个语言符号在不同的上下文中可以有不同的解读,承担不同的功能。"回指语也是这样,同样的回指结构其功能意义往往是多重的"(高卫东,2008:88)。前文提到以往的回指语研究主要围绕回指的提取功能展开,高卫东(2008:88)将提取功能称为回指的核心功能,他同时指出,回指语也承担和提取与旧信息无关的功能,例如"预设新用功能""关系定位""修辞唤醒功能"等。池昌海(2012)也指出回指的基本功能是"实现结构性指称与衔接功能",但同时"回指的使用及其成功解读还明确地受到了言者的修辞性选择",并且他在研究中归纳了回指的修辞制约功能。

　　本书认为,回指语的多重功能也会影响其形式的选择。3.4.1 部分的三个语篇环境因素主要影响的是回指语的提取功能,简单而言,先行对象旧信息的提取难度会随着语篇环境变化而改变,并最终影响回指语形式的选择。然而,有些语境中回指语承担了其他非核心功能,这些功能会对回指语形式产生影响。高卫东(2008:89)指出,在"<u>老张</u>是我们的主任。<u>这老太太</u>很难说话呢。"这样的句子中,"老张"和"这老太太"两个名词短语表述方式不同,但指向同一对象,构成回指关系。回指语"这老太太"除了复述原有的对象,还有一个重要功能,即引入新信息"老张是位老太太"。这个信息是先行语(原有语篇实体)中没有包含的,因此回指语对应的语篇实体要根据新信息重新调整,这个过程类似于首次引入语篇实体。因此,尽管上例中先行语和回指语之间的线性距离、修辞结构距离很近,两者都位于小句主语,并且对应的生命度也很高,回指语仍然选择了名词形式。

　　综上所述,本书把回指语功能单列为其形式选择的影响因素之一,作为回指语选择分析框架的一个组成部分。

3.4.3　实体特征因素
3.4.3.1　语篇角色

　　本书分析框架的第三点影响因素是回指语对应实体的特征对其认知状态的影响。其中,指称对象是否在语篇中承担重要角色(protagonist)是一个重要因素。指称实体在整个语篇模型中都担任一定的角色,以常见的小说故事为例,其中有主角,有配角。主角的语篇角色最重要,通常是说话人和听话人注意的焦点,同等条件下对应的认知激活度最高;配角的重要性略低,同等条件下对应的认知激活度次于主角;故事中还有仅出现一两次的边缘角色,是故事的背景或道具,同等条件下对应的认知激活度很低。

　　学术语篇不同于故事语篇,其讨论的对象一般都不是人类,而是各种事物或现象。为了避免误解,本书讨论学术语篇中的指称对象时不用主角、配角等术语,而称其为语篇角色。当然,不同的事物在语篇中承担的角色也是不同的,有的重要性高,而有的重要性低。本书重点分析学术语篇中的关键名词回指。关键名词在学术语篇中承担最重要的语篇角色,是推动语篇展开的关键角色,因此它是学术语篇中的焦点和话题。

3.4.3.2 生命度

关于生命度,通常情况下人们首先想到是其生物属性:有生命的和无生命的。一般认为,人类和动植物是有生命的;除此以外的物体、时空、抽象概念是无生命的。而在语言学研究中,生命度概念已经超越了其生物意义,称为一个重要的语言学范畴,本书讨论的生命度是指语言学意义上的生命度概念。

作为语言学概念,生命度在语义学、语言类型学、认知语言学等多个领域都有重大影响,吉洁(2014:7)在综合前人研究成果的基础上提出生命度在语言学领域中的四个属性:生命度是一种语义属性,关系着名词的意义与分类;生命度是一种语用知识,关系着语言的理解和产出;生命度是一种语法规定,在很多语言中具有语法制约性;生命度是一种认知参数,影响着人们对万物的认知。本书把生命度作为一个认知参数,将其作为对指称实体认知激活度的一个重要影响因素。

认知语言学认为人的认知方式影响语言的表达,语言在本质上反映了人的认知。在人类观察世界的过程中,各类事物在人类认知中的凸显度(salience)是不同的,Langacker(1993:30)将人们对事物凸显性的认知排序为:人类>非人类,具体>抽象,可见>非可见,整体>部分。很明显,生命度在这个排序中起了非常重要的作用。而概念可及性(conceptual accessibility)常被认为与凸显性紧密相关(吉洁2014:12),在同等条件下,凸显度越高的概念可及性越高,即认知激活度越高,而凸显度越低的概念可及性越低,即认知激活度越低。所以生命度是影响实体认知激活度的重要因素。本书借鉴 Kibrik(1996,1999)的方法将指称对象生命度分为三个等级,从高到低依次是:

人类(human)>人类之外的有生命物体(non-human animate)>无生命物体(inanimate)

Kibrik(1999:42)指出,在实体认知激活度消退的过程中,语篇中重要角色消退的速度慢于非重要角色,指称对象为人类的实体激活度消退速度慢于非人类的实体。根据笔者的初步观察,学术语篇中的关键名词指称对象都是无生命物体,其对应的概念激活度都偏低。

3.4.4 语言特征

本书分析框架的前三点影响因素着眼点侧重于语篇中回指语自身,最后一个因素是整个语言系统对回指语选择的可能影响。回指语是语言系统中的一个单位,因此它必然受整个系统的影响。英语和汉语是抽象语言概念的具体形式,因此两者之间有很多共通之处;同时两者分属不同的语系,相互之间也存在着不容忽视的差异。

具体语言中的回指系统作为该语言系统的一个组成部分,必然要适应这种语言,并受整体语言系统特征的影响。英汉两种语言一直是国内语言对比研究的重点和热点,英汉两种语言中的回指现象也是学者们研究的一个焦点。

本书认为,语言是认知思维的一种具体表达形式。人类的认知思维具有共性,因此不同语言中的回指现象在认知层面是共通的,但同时,不同的语言在表达时存在着差异,特定语言中的回指语在具体表达时也会体现语言系统的特征。

以往的回指研究大多针对一种语言中的回指系统,分析语言特征对回指语选择的研究相对较少。比较有代表性的研究是许余龙(2000)对比分析了英汉指称词语表达的可及性,并指出英汉具体的可及性标示(指称语)选择层面存在差异;王文斌(2016)在分析英汉篇章结构时指出,汉语代词回指语倾向于隐性形式,而英语则倾向于选择显性形式。

由此可见,不同语言系统会对回指语选择产生影响,这点在单一语言系统中体现得并不明显。本书以英汉学术语篇为研究语料,以期对语篇中的回指现象有更深刻的了解,因此在本书的分析框架中,语言特征也是对回指语形式选择产生影响的一个重要因素。

3.5　小结

本章在梳理认知语言学派关于回指编码选择的理论基础上讨论了语篇中回指语编码的制约因素,认为回指语形式的选择取决于说话人对回指实体的认知状态的判断。实体认知激活度高则回指语倾向于选择简单形式,实体认知激活度低则回指语倾向于选择复杂形式。并且,回指语实体的认知状态受多方面因素的制约,单独以某个语篇因素来衡量实体的认知状态难免会有所偏颇。

在综合分析整理学者们提出的相关理论和分析模型基础之上,本章提出了本书的回指形式选择倾向分析模型,从多个角度分析语篇中不同形式回指语的使用情况。该分析框架把影响回指实体认知状态的因素主要分为语篇环境、回指语功能、实体自身特征和语言特征四大类;语篇环境因素包括先行词和回指语的线性距离、修辞结构距离和回指语的句法角色,实体自身特征包括回指语的语篇角色重要性和生命度。以上这些因素都对回指语选择有影响,但各种因素的影响力并不是简单地相加,而是整合后对语篇中某个具体位置的回指实体产生影响。

第 4 章

语料及研究方法

在第 3 章中,我们根据回指形式与语篇实体认知状态的密切关系,构建了多因素回指形式选择分析模型。为了验证这些因素对期刊论文中回指形式的影响,我们建立了一个小型语料库,以统计名词性回指和句子性回指关系中不同回指形式的实际分布情况。本章将简单介绍收集语料的方法以及语料库中可分析的内容。

4.1 语料收集

本书选取的语料包括英汉学术期刊论文各 30 篇。以学术期刊论文为研究语料,是因为学术期刊论文是很典型、规范的学术语篇,并且大型学术期刊论文数据库的存在也使得选取学术期刊语料比较便捷。此外,考虑到学科差异性,在 30 篇期刊论文中,人文社科类论文和自然科学类论文各占一半。在确定语料选择范围后,英语论文从 Elsevier 数据库随机选取,而中文论文从中国知网数据库随机选取。在分析关键名词语篇回指分布规律时,实际使用语料为每篇学术期刊论文的引言(Introduction)部分。之所以如此选择,笔者是出于以下两方面的考虑:

(1)引言部分是每篇学术论文的第一部分,也是一个语篇的起始部分。学术语篇中的关键名词一般都会在引言部分出现,也就是说,关键名词所指对象大都会在引言部分被首次引入语篇。语篇回指研究主要讨论的是不同形式回指语在语篇中的分布规律,而语篇中关于同一指称对象一系列的回指必然涉及对象首次被引入语篇。在学术期刊中,关键名词所指对象的首次引入时一般出现在引言部分,所以本书研究以引言部分为主要分析语料。

(2)在收集语料时,除了语料的数量,笔者也考虑到语料的来源广泛性,但是每篇期刊论文篇幅都很长,选取的语篇数量越多,分析的难度也就越大。因此,出于语料数量、语料来源广泛性和分析难度的平衡考虑,本书以每篇学术期刊论文的引言部分为实际分析语料。之所以这样操作,是因为一篇期刊论文就是一个大的语篇,而期刊论文中每部分的独立性较强,可以视作一个较完整的小语篇,引言部分也是如此。选取每篇论文的引言部分为分析语料,并不破坏语篇的完整性。在实际操作中,语料范围的确定主要以期刊论文中的"引言"标题为主要参考标准。

(3)本书研究的一个方面为英汉学术期刊中名词和句子对应不同回指形式分布的对比分析。既然要把英汉回指形式分布进行对比,英汉语料在一定程度上应该是对等的,所以在选择英汉学术语篇语料的过程中,英汉语料对等是以语篇数量相等为原则的。之所以以语篇数量对等为准,而不是以英汉字/词数量相当为准,是因为本书的研究中,一个语篇就是一个重要的完整语言单位,如果仅仅考虑以英汉字/词数量相当来选择语料,则可能会影响语篇的完整性。

4.2 名词性回指语料分析方法

4.2.1 名词性回指:关键名词回指

本书主要分析英汉期刊论文中的名词性回指和句子性回指现象。名词性回指和句子性回指是根据先行语/回指语的词类性质进行划分的,其判断标准主要在于回指关系中先行语的词类性质。

名词性回指即回指关系中先行语是名词(包括名词短语),其先行语和回指语均用下划线标注,例如:

1. Hyperthermia is under clinical trials (research study with people) and Ø is not widely available. (例句语料来源,附录:ES3)[1]
2. 虽然这种制度在一定程度上解决了我国的人才问题,但是其对教育公平问题的负面影响引起了各界的重视。(附录:CH13)

在例 1 的一组回指关系中,先行语是名词"Hyperthermia";在例 2 的回指关系中,先行语是名词短语"这种制度"。例 1 和例 2 中的回指关系都属于名词性回指。需要说明的一点是,在语篇中某些关键名词(或名词短语)常常会重复多

---

[1] 附录详细记录了本书所分析例句的具体语料来源,并对每篇期刊论文进行编号,论文例句后括号内标注的就是例句对应的期刊论文在附录中的编号。

遍,构成一个回指链,回指链中某些零形或代词回指形式也会充当下一个回指语的直接先行语,这种情况下我们仍把它们归类为名词性回指。例1中,如果语篇后续部分仍要重复"Hyperthermia"这一概念,无论其采用何种回指形式,所对应的直接先行语是零形回指"Ø",这种情况仍属于名词性回指。

当然,需要指出的是,学术期刊信息量巨大,所分析语料中的名词性回指数量庞杂,全部分析难度很大。此外,语篇中大部分名词性回指只出现一两次,并不能很好地体现某一名词性概念实体的回指形式在整个语篇中的分布规律。因此,实际分析过程中,本书选取每个语篇中的一组关键名词回指现象作为研究对象。关键名词就是指"为了文献标引工作而从学术论文中或论文外挑选出来用以表示全文主题内容信息款目的单词和术语"(魏瑞斌,2006),它的选择是从语篇内容信息的角度,而不是从结构功能的角度来考虑的。在具体操作上,关键名词的选择主要参考期刊论文中"摘要"部分之后的作者所列举的"关键词"。

选择关键名词的回指形式为分析对象则避免了上述问题,因为:①相比语篇中所有代词和名词回指语而言,一个关键名词对应的回指语数量有限,分析难度相对降低;②同一关键名词在语篇中重复出现次数较多,在本书分析的语篇中一般都重复10次以上,这样就比较方便分析同一回指对象在语篇不同环境中所采用的回指形式;③关键名词在语篇内容中的角色类似于故事语篇中的主人公,是语篇的主要参与者(protagonist),统一选取关键名词作为分析对象,排除了语篇主要参与者与非主要参与者之间差异的影响。① 当然,每篇期刊论文存在多个关键名词,在语料实际统计中,笔者在每个语篇中选择一个关键名词作为研究对象。例1和例2中的回指语都对应其所在语篇中的关键名词。

4.2.2 关键名词对应回指形式的分类

本书以英汉期刊论文中关键名词为代表分析语篇中的名词性回指,名词性回指的先行语为名词或名词短语,而我们主要讨论的对象是回指关系中的回指形式。名词回指关系中,回指形式可以分为零形回指语、代词回指语和名词回指语三类。

---

① 本书以关键名词为切入点分析学术期刊中名词性回指,主要研究关键名词不同回指形式分布趋势是否有其自身特殊之处,特别是与传统叙事性语篇中的回指分布相比有何特点。这就需要一个参照对象,因此我们又统计了英汉各6个故事语篇的语料。语料来源为《安徒生童话全集(英文版)》(赫尔舒特,2016)和《中外神话传说》(段其名,2003)。之所以选择童话和传说作为语料,是因为这样的故事体裁更接近自然口语,叙事性很强,正好可以作为学术语篇体裁的对比参照对象。故事语篇中的关键名词主要对应故事主要人物。

4.2.2.1　零形回指语

零形回指语的特殊性在于其没有具体的语言形式,所谓零形,也就是在特定语篇位置不存在具体的语言表述形式,但在认知层面这个位置上却应该有一个实体,否则语篇的展开就会因为失去前后照应而中断。我们先看一下两个例子:

3. <u>Time preference</u> makes a plausible candidate for a hidden third variable that drives both schooling and health, and Ø thereby confounds the causal effect of schooling on health... (附录:B13)

4. <u>这种制度</u>导致教育资源、生源和师资力量的分配严重不均,Ø 破坏了正常的社会流动机制,Ø 成为阶层固化或加大社会两极分化的制度设置。(附录:C13)

在例 3 中,"Time preference"和"Ø"指向同一个对象概念"Time preference"(时间偏好),其中"Ø"是回指语,"Ø"的位置虽然在实际语篇中没有具体语言形式,但在认知上存在一个实体回指"Time preference"。同理,在例 4 中,"这种制度"和两个"Ø"都指向同一对象"重点学校制度"。两个"Ø"是零形回指,在实际语篇中这两个位置上是没有任何语言形式的。上述两例中,零形回指在实际语篇中是不通过语言形式表现的,本书出于分析的需要用"Ø"加以标注。然而,没有具体的语言形式,不代表在认知上也不存在对应实体,否则的话,"Ø"所在的位置在语义和认知层面就缺失了施动者,无法构成意义完整的命题,语篇的展开就会出现严重障碍。句子性回指关系中一般回指语不采用零形,因此就不具体举例了。

零形回指语就是语篇模型中特定位置上的认知实体没有在语言形式上表现出来。根据认知理论的假设,实体认知激活度越高,对应的回指形式越简单。零形回指语对应的实体激活度最高,所以相应的回指形式最简单。

4.2.2.2　代词回指语

所谓代词,是对词进行语法分类的一个术语,指能用来替代一个名词短语(或者单个名词)的一组封闭的词项(Crystal, 2008:391)。代词主要承担指示功能和回指功能,并且主要分为人称代词(personal pronouns)、指示代词(demonstrative pronouns)、反身代词(reflexive pronouns)、疑问代词(interrogative pronouns)、不定代词(indefinite pronouns)、关系代词(relative pronouns)等等。本书的分析对象为学术语篇中关键名词的回指语,主要是人称代词,确切地说是第三人称代词,这也符合代词回指研究的一般做法。Halliday 和 Hasan(2012:50 - 51)在分析人称代词时就认为,用于指称对话角色(说话人和听话人)的人称代词主要是第一人称代词和第二人称代词,是典型的外指(exophoric),不具有回指功能;只有在各种书面语篇中,在被引号标记的对话中,第一人称和第二人称代词指向语篇内(endophoric)时才具有回指功能。而不用于指称对话角色的人称代词主要是第三人称代词,是典型的回指,具有语篇衔接功能。语料中具体实例如下:

5. <u>DARA</u> was passed soon after in 1879 in the four districts where the riots occurred. <u>It</u> was subsequently expanded to districts in the Sind division (now in Pakistan) in 1901... (附录:EH15)

6. <u>人工智能</u>对科技、经济、社会的进步会有什么独特的贡献? <u>它</u>的发展现状和趋势是什么? (附录:CS13)

在例5中,先行语为"DARA"(Dekhan Agriculturists Relief Act),对应的回指为下一句中的代词"It";例6中,先行语为小句"人工智能",而回指这部分内容的是下一句中的代词"它"。在这两组回指关系中,回指形式都为代词回指。

相对于零形回指,代词回指语有具体的语言形式,相对名词短语而言,代词比较简略。当然这里的简略是总体上相对而言,并不是说人称代词在语言形式上一定比每个名词都简单。诚然,英语和汉语中都有些语言形式很简单名词,例如英语中"tea、car"等名词的语言形式不比"it"复杂,汉语中"牛、马"等名词不比代词"它"复杂。然而总体而言,代词的数量相对名词而言非常有限,基本语言形式都很简单;而名词短语理论上数量是无限的,并且其中许多具体的名词短语有很高的复杂度。英汉语中有语言形式比较简单的名词,也有非常多形式复杂的名词短语。不论是简单的名词还是复杂的名词短语,都是用几个固定的代词回指,例如"the White House"的语言形式比较简单,对应的人称代词是"it";而"一辆用于节日游行的美丽花车"这样复杂的名词短语也还是可以用代词"它"来回指。此外,更重要的是,代词的语义内涵比较空泛、贫乏,"是它们所指的东西的几个大类别,如单数个体、复数个体、有生命物等等"(廖秋忠,1992:59),听话人很难只凭借一个代词就在记忆系统中建立一个具体的语篇实体。相对而言,名词短语的语义要复杂、具体得多,听话人可以依据名词短语在记忆系统中建立一个确定的语篇实体。

因此,一般认为在三种回指形式中,人称代词回指语在形式上比零形回指语复杂而比名词回指语简略。根据回指形式与语篇实体激活度的关系假设(Kibrik,1999),回指形式越简略,对应的语篇实体激活度越高;回指形式越复杂,对应的语篇实体激活度越低。据此,我们有理由认为代词对应的语篇实体激活度低于零形回指语而高于名词短语回指语。Ariel(1990:73)在她提出的可及性等级体系中就认为可及性最高的指称形式为空语类等，即零形回指语，而各种代词指称的可及性略低于零形回指而高于名词短语回指。

4.2.2.3　名词回指语

根据认知语言学的理论假设，实体激活度较高时，回指形式倾向于简略，具体表现为零形回指语和代词回指语，而实体激活度较低时，回指形式倾向于编码为完整的名词短语形式。当然，回指语采用名词短语编码不一定是在形式上完全重复先行语。廖秋忠(1992:45)在回指研究中指出，作者/说者在篇章中再现之前的同一对象时，可以用多种表达式来表示指同(回指)。

A. 同形表达式

B. 局部同形表达式

C. 异形表达式

 a. 同义词(包括异形简称)

 b. 统称词

 c. 指代词

 d. 零形式或简略式

廖秋忠从先行语和回指语的形式/意义关系角度对回指形式进行了分类。从其分类来看，廖秋忠把回指研究的重点放在了名词短语回指上，因为在上述分类中，"指代词"和"零形式"是本书之前分析的代词回指语和零形回指语，其他都是名词短语回指。徐赳赳(2003:142)在廖秋忠的分类基础上把名词回指语分为五类：同形、部分同形、同义、上义/下义和比喻。

同形回指是指回指语和先行语在形式上完全相同。

7. Thus, hyperthermia may shrink tumors. Hyperthermia may make some of the tumor cells more prone to radiations or damage other cancer cells which cannot be damaged by radiation. (附录:ES3)

例 7 中，先行语和回指语都是名词"hyperthermia"，并且两者形式完全一致。

部分同形回指是指回指语和先行语在形式上部分相同。也就是说，回指语中一个或几个词/字和先行语中对应部分相同，但是没有采用与先行语完全相同的形式。

8. Central to everyday life interactions is the embodied form of cultural capital which is, among other things, displayed in cultural taste. Taste

however, is not only something one "has", but also something one "does", i.e., a performance. （附录：EH5）

例8中,先行语是"cultural taste",而回指语"taste"仅保留了先行语的部分形式,两者部分同形。

同义回指指名词回指语和先行语在形式上不同,但是在语篇中两者所指对象一致,也就是说两个不同语言形式的名词短语指向语篇模型中的同一个实体。

9. 论文试图为 PPI 网络功能模块的检测勾画出一个较为全面和清晰的概貌,以期对该领域的相关研究提供有益的参考。（附录：CS2）

例9中,先行语是"PPI 网络"(蛋白质相互作用网络),下一小句中出现的"该领域"是对应的回指语,在语篇中两者指向同一指称对象。

上下义回指是指回指语和先行语在形式上不同,且在语义上各自的所指范围有大(上义)有小(下义),是一种包含和被包含的关系。比喻回指是指回指语是先行语的明喻、暗喻或转喻。本书统计对象中没有这两种形式的名词回指语,因此就不具体举例了。

4.2.3 回指形式语篇分布统计方法

在语篇环境因素方面,本书分析不同回指形式在语篇中的实际分布情况,主要是从线性距离、修辞结构距离和句法位置三个层面展开的。本节简单介绍一下具体的统计标准和方法。

4.2.3.1 线性距离参数

根据语言表达的特性,语篇是随着时间线性展开的,线性距离就是先行语和回指语在语篇中的前后距离。综合 Givon(1983)、陈平(1986)、Ariel(1990)等学者的分析方法,本书从句子间隔线性距离和小句间隔线性距离两个角度对学术语篇中不同形式回指语和其先行词的线性距离进行测算。小句是语法模型中用来指小于句子但大于短语、词或语素的语法结构单位;句子是构成一种语言的语法的最大结构单位。本书对语篇中一个语言单位是小句还是句子的界定主要从语法结构和书面标点符号两方面考虑,具体标准如下:包含至少一个主谓结构(主语可以为零形式,谓语可以是非谓语动词形式),一般情况下用逗号或句号分隔的语言单位是小句;用句号、问号、感叹号等标点符号断开的语言单位是句子,所以小句和句子会有重合。

句子间隔线性距离采用 Ariel(1990)的参数,具体分"同句""前句""同段"

"跨段"四个参数来分析线性距离对可及性的影响。小句间隔线性距离以先行词和回指语所在小句之间插入的小句数量为参数,如果先行词和回指语之间没有小句间隔,标记为"0",说明两者位于相邻的两个小句,无论两个相邻小句位于同一句内,还是分别位于前后相邻的两个句子;如果先行词和回指语之间插入一个小句,标记为"1";以此类推,最大标记为"3 以上"。根据线性距离对认知状态影响的假设,线性距离越近,时间越短,实体激活度越高;反之则实体激活度随线性距离/时间加长而消退变低。请看以下实例:

10. VLC 在室内布局上不用另外搭建光源和线路,Ø 在发射功率上也不用像红外通信系统一样受限。(附录:CS12)

11. Third and finally, we have put together a detailed district-level dataset for twenty years straddling the legislation that allows us to evaluate the impact of DARA on credit market and agricultural outcomes. There is, as far as we know, no other such statistical work on credit markets in colonial India.

In the early 19th century, the British introduced fundamental changes in law and property rights in western India ,making it easier for creditors to recover their money in the event of default by borrowers... DARA was passed soon after in 1879 in the four districts where the riots occurred. (附录:EH15)

在例 10 中,回指对象是"VLC",先行语位和回指语位于同一句子内,从句子间隔距离视角来看,两者的距离为"同句";且"VLC"和"Ø"两者所在小句之间没有插入其他小句,所以从小句间隔距离视角来看,两者的距离为"0"。例 11 中,先行语和回指语的形式都是名词"DARA",语篇中两者的线性距离很远。从句子间隔距离视角来看,先行语和回指语位于不同的语篇段落,距离为"跨段";从小句间隔距离视角来看,两者之间插入了 3 个以上小句,距离为"3 及 3 以上"。例 10 和例 11 分别是最近和最远线性距离的实例,具体语料中,也有不少先行语和回指语线性距离对应中间的参数,第 5、第 6 章中有详细分析,此处就不展开了。

4.2.3.2　修辞结构距离参数

线性距离是从语篇最直观的表现形式来测量的,而修辞结构距离是从语篇所表达的内容信息层面来分析的。本书借鉴 Kibrik 修辞结构距离的概念,将其作为影响指称实体认知激活度的一个因素。具体参数设置为:如果先行词和回指语各自所在的命题处于同一层级的修辞结构,则两者的修辞结构距离为1;如果层级结构递增,则先行词和回指语之间的修辞结构距离也随之增加,依次为2、3、4以上。请看以下实例:

12.(a)并且由于<u>数字全息技术</u>具有非破坏性和实时性,(b)Ø 特别适合于无染色剂标记生物活细胞的定量相衬成像和三维重建,(c)Ø 可实时获得细胞形貌和功能分析。(附录:CS14)

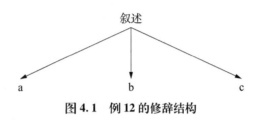

图4.1 例12的修辞结构

在例12中,(a)、(b)、(c)三个小句位于一个叙述关系结构内,三者都位于同一修辞结构层级(图4.1)。从(a)小句和(b)小句的回指关系看,先行词"数字全息技术"和回指语"Ø"之间的修辞结构距离为1;从(b)小句和(c)小句的回指关系看,先行词"Ø"和回指语"Ø"之间的修辞结构距离也是1。有些情况下,相邻两个小句之间并不位于同一修辞层级,之间距离就可能大于1,比如例13。

13.(a)研究发现,在问题行为方面,(b)<u>农村留守儿童</u>在攻击行为、违纪行为、内向性行为问题等问题上显著高于一般儿童。
    (c)<u>农村留守儿童</u>相较于非留守儿童,生活中的最重要变化就是亲子分离。(附录:CH14)

在例13中,回指对象是"农村留守儿童",先行语和回指语位于(b)、(c)两个小句,两者之间没有小句间隔。但是从句子间隔距离视角来看,(b)、(c)两个小句分别位于两个不同段落。Kibrik(1996,1999)在他的分析模型中设置了先行词和回指语的段落距离(paragraph distance)。段落是语篇片段的天然边界,根据Tomlin(1987,1991)的观点,语篇片段边界的分割导致实体的认知激活度低,因此先行词和回指语如果位于边界两侧,则回指语倾向于复杂形式。本书认为,段落距离可以纳入修辞结构距离,因为修辞结构表现的是语篇的信息结构,基本单位为命题,而命题在语言形式上一般与小句重合。小句组成段落,段落又组成语篇,因此段落是修辞结构中较大的单位。如果先行词和回指语位于不同的段落,显然两者之间的修辞距离较大,因此本书采用简化的方式直接将其标注为 4 以上。所以例 13 中,先行语和回指语的小句间隔距离很近,但修辞结构距离很远,属于"4 以上"。

此外,还需要说明一点的是,Mann 和 Thompson(1986:6)以及 Fox(1987:78)着重分析的是命题之间的修辞关系,因此他们只讨论状语从句,而不把关系从句、主语从句等视为独立命题,也不分析非状语从句和主句的关系。本书的切入点是小句之间的信息层级关系。虽然关系从句等不构成完整命题,但是不能简单地把这些小句等同于一个名词短语而不考虑从句与主句之间的关系。因此,本书借鉴了 Polanyi(2001)提出的"语言语篇模型"(Linguistic Discourse Model),把修辞结构距离的基本分析单位落实到所有小句。从小句的视角来看,关系从句、名词性从句等也是"基本语篇成分单位"(elementary discourse constituent unit),它们和主句的信息关系是"从属"。

4.2.3.3　句法位置参数

句法位置是语篇环境中的第三个重要影响因素。本书主要分析期刊论文中的名词性回指和句子性回指,在这两种回指关系中,回指语均可采用名词或者代词形式,而且名词性回指关系中的先行语也是名词(短语)。在小句中,名词或代词一般位于主语宾语或领属语位置,因此句法位置分析设置的参数为"主语""宾语"和"领属语"。句子性回指中先行语的语言形式为语段,超出了词类范畴,因此就不分析其句法位置了。以下是语料中三个参数的具体实例:

14. 以白光 LED 作为光源的可见光通信技术将会很好地融入现有的通信网络,Ø 并将发挥重要作用。(附录:CS12)

15. Specifically, many studies have investigated whether politically-connected firms actually benefit from those connections. For example, Faccio (2006) examined data on listed companies in 47 countries and found that some firms were politically connected in 35 of those countries, and that these political connections added to firm values, especially in countries with weak political institutions. (附录:EH13)

16. We find mixed evidence of the impact of DARA on bullocks and cropped acreage. There is no statistically significant impact of DARA on total cropped acreage. (附录:EH15)

例 14 中,回指对象是"可见光通信技术",其先行语和回指语都位于小句主语位置;例 15 中,回指对象是"political connections",先行语位于宾语位置,而回指语位于主语位置;例 16 中,回指对象是"DARA",先行语和回指语都位于领属语位置。从上述三例我们可以看到,先行语和回指语有时位于同样的句法位置,有时位于不同的句法位置,并不固定。

4.3 句子性回指语料分析方法

4.3.1 句子性回指

本书主要分析期刊论文中的名词性回指和句子性回指。从语言形式视角来看,名词回指关系中的先行语是名词或名词短语;句子回指关系中先行语的表现形式不再局限于某个词类,而是一个语段,具体包括小句、句子或者句群,其指称对象是概念、命题、事件、事实,也就是抽象实体,其先行语用方括号标注,回指语仍用下划线标注,例如:

17. [(本书)深入考察了半强制分红政策在宏观、中观以及微观层面上对于中国上市公司现金股利政策的影响],这有助于我们更全面、深入地了解半强制分红政策的作用与实施效果。(附录:CH1)

18. [Interest in cybersecurity issues often focuses on incidents and how to deal with them after the fact, while a concern for prevention and investments in better cybersecurity have lagged behind]. This is surprising in a world where there is a continuing battle between hackers and various societal actors attempting to protect the system. (附录:EH1)

19. [Lenders may restrict credit to borrowers who lack collateral because they cannot observe their actions or their types. When legal systems are weak, lenders may also fear strategic default, i. e. situations in which borrowers do not repay, though they can. Borrowers may need protection too. Absent bankruptcy law, risk-averse low-income borrowers may not borrow for sound projects. Lenders may not practice due diligence and may give loans to potentially unproductive borrowers, or may even be predatory, deliberately deceiving them.] It is difficult to design rules to address all these concerns. (附录:EH15)

上述三例均是从语料中选取的句子性回指具体实例。在这些实例中,从形式上看,代词或者名词回指语回指的对象都不是前文中的某个名词或名词短语,而是小句或者更大的语言单位。在例 17 中,代词"这"回指前一小句"深入考察……的影响";在例 18 中,代词"This"回指的是前一个句子"Interest... the fact... behind.",包括三个小句;而在例 19 中,名词短语"these concerns"回指的内容甚至已经超越了句子的范围,覆盖从"Lenders may restrict credit to borrowers..."开始至"... deliberately deceiving them"的一段语篇,其中包括五个句子,如果从小句的角度来看则数量更多。

4.3.2　句子性回指关系中的回指形式

名词性和句子性回指关系在先行语部分有很大区别,但在回指语部分,两者有相似之处,即两者都可以用代词(包括零形代词)或名词充当回指语。在句子性回指关系中,回指形式主要是代词回指语和名词回指语,例如:

20. [当前,城镇化的新兴产业主要集中在服务业部门,]这对于改善中国经济发展质量至关重要。(附录:CH11)

21. [科学出版社等出版了"可拓学丛书"和一批专著;此外,至 2008 年已有不同领域的 23 本专著用章节介绍可拓学;可拓学研究者已承接国家自然科学基金有关可拓学的研究项目 36 项;并研制了若干可拓软件,申报了专利。据不完全统计,仅 2008 年一年,关于可拓学的博士生、硕士生学位论文超过 110 篇,期刊论文近 300 篇。]在上述基础上,"2009 年博士生导师、硕士生导师可拓学研讨会"于 2009 年 5 月在南昌大学召开……(附录:CS6)

例 20 中,先行语是一个小句,回指语为代词形式"这";例 21 中先行语为一个语段,回指语为名词短语"上述基础"。

当然,名词性回指和句子性回指关系中的回指形式之间还是存在着一些具体差异:①在代词回指语方面,名词性回指对应的回指语主要为人称代词("it""它""其"),而句子性回指的回指语主要为指示代词("this""that""这""此");在名词回指语方面,名词性回指关系中的名词回指语主要是对回指对象名词性表述的重复,而句子性回指关系中的名词回指语则是对回指命题的总结概括。②在名词性回指中,代词回指语还可以分为零形代词(Ø)和具体人称代词;而句子性回指中,零形代词回指语属于极个别现象,例如:

22. [地方政府有动机通过弱化环境规制强度来降低当地企业的"合规成本",以实现招商引资、追求经济增长的目标,]Ø 最终可能导致环境状况的普遍恶化。(附录:CH4)

然而,例 22 是汉语语料中唯一的零形代词充当回指语回指句子先行语的实例,在英语语料中则不存在这样的表述,因此本书在分析句子性回指的回指编码时就把这一例归入代词回指,而不再把零形代词作为单独一个形式类型加以讨论了。

4.3.3 回指形式语篇分布统计方法

在 4.2.3 部分,我们指出本书主要从线性距离、修辞结构距离和句法位置三个层面分析关键名词对应回指形式在语篇中的实际分布情况,这种方法也同样适用于分析句子性回指关系中的回指形式,因此具体参数设置就不再此重复了。不过,句子性回指和名词性回指还是存在一些差异,主要有以下三点。

第一,句子性回指中先行语是一个语段,因此统计分析过程我们测量的是先行语作为一个整体和回指语的线性距离、修辞结构距离,而不是先行语中的某个成分和回指语的线性距离、修辞结构距离。例如:

23. [作为一种新型的海洋传感器搭载和运输平台,水下滑翔器不同于传统的水下机器人,它通过改变自身体积与重力的比例实现升沉运动,并通过尾舵摆动或改变横滚姿态实现转向运动。]这种工作方式使得水下滑翔器的巡航范围和时间均有显著提高,增加了海洋监测的能力。(附录:CS15)

24. [The RCCS was developed with numerous features including near laminar fluid flow (low shear), mixing of media by rotation rather than stirring, zero-headspace (completely fluid-filled) and silicone membrane for efficient gas exchange. By rotating the cells at a sufficient speed, the cells can be maintained in a suspended state with the absence of large shear forces. Hence, the RCCS effectively randomizes the gravity vector before the cells have sufficient time to sense it resulting in a near free fall environment simulating, in some regard, the microgravity environment of space.]

This system like other rotating wall vessel bioreactors has been shown to give comparable results to experimentation in real microgravity. (附录:ES14)

在例 23 中,先行语是一个句子,回指语是"这种工作方式",先行语作为一个整体和回指语的句子间隔距离为"邻句",小句间隔距离为"0";修辞结构距离为"1"。在例 24 中,先行语是一个更长的语段,回指语是"This system"。我们在分析过程中仍然把先行语作为一个整体,其和回指语的句子间隔距离为"跨段",小句间隔距离为"0",修辞结构距离为"4 以上"。

第二,笔者在统计名词回指语的过程中,发现一部分回指语属于"下指语"。下指(cataphora)是"语法学家用来表达一个语言单位指向下文中另一个语言单位的过程或结果的术语"(Crystal,2008:68)。用于表达下指关系的词语称为"下指语"(cataphoric words)。回指和下指通常被视为一组对立,因为语篇中回指语位于其所指对象之后,而下指语位于其所指对象之前,因此下指也被称为"前指"或"预指"。然而,除了回指语和下指语的指向不同,两者其实在本质上有共通之处,即都是指代语篇中的另一个语言单位。因此,一些学者认为下指也是回指的一部分,许余龙(2004:1)就认为"回指是这样一种语言现象,即一个(往往是简略的)语言表达来指代同一篇章中(通常是上文已经出现过的,但也不排除下文中的)另一个语言表达式所表征的意义或事物"。所以下指也被称为"逆回指"(backward anaphoa)(许余龙,2007;高军,2010),这个表述更准确地表明了下指这种语言现象的本质。本书统计的语料中就有一部分下指语,例如:

25. DARA is an important case study for <u>three reasons</u>. [First, DARA was the first major policy designed to better regulate credit markets in colonial India. It heavily influenced similar laws passed in other parts of India in the 20th century. Indeed, specific provisions of DARA, and certainly its spirit, have survived into 21st century India (Swamy, 2016). Second, there is an abundance of qualitative evidence on DARA allowing us to piece together the history leading up to the legislation and contemporary discussion on its impact. Third and finally, we have put together a detailed district-level dataset for twenty years straddling the legislation that allows us to evaluate the impact of DARA on credit market and agricultural outcomes.] (附录:EH15)

26. 并且已有的间歇故障诊断研究具有很大的<u>局限性</u>,[研究对象基本都是一些特殊的间歇故障,采用的技术手段大都是传统的故障诊断方法,研究过程中未考虑间歇故障的特殊性,没有提出专门针对间歇故障特点的诊断方法]。(附录:CS3)

在上述两例中,名词短语"three reasons"和"局限性"都是下指语,因为"reasons"和"局限性"本身所指比较抽象、模糊,需要通过后文的具体内容来明确其所指。当然,例 25 和例 26 之间存在一点小差异,例 25 中的下指语和后文内容分布在不同的句子中,而例 26 中的下指语和后文内容位于同一句子内。

下指现象在名词性回指关系中很少见,至少在本书统计的语料中没有发现。而且,笔者认为,下指和回指的不同主要体现在下指语和回指语的功能上,在语篇分布环境层面两者没有本质性区别,因此本章以同一标准分析下指语和回指语的分布情况,而不展开讨论其差异了。当然,因为下指语的存在,句子性回指关系中先行语和回指语的句子间隔距离第二参数为"邻句",而不是"前句"。

第三,由于句子性回指关系中先行语已经超出了词类范畴,因此在统计句法位置过程中我们不统计先行语的句法位置,只统计回指语的句法位置。因此,在例 22 和例 23 中,我们只统计回指语的句法位置,两者均位于小句的主语位置。

4.4 小结

为了验证本书分析模型中提出的几方面因素对英汉期刊论文中回指形式选择的影响,我们从 Elsevier 和中国知网数据库中随机选取了 60 篇学术期刊论文(英汉各 30 篇),并以每篇论文的"引言"部分为语料构建了本书的数据库。有了这一数据库,我们可以分析英汉期刊论文实际语料中名词和句子对应不同回指形式的分布情况。后续第 5 章和第 6 章是对语料中不同回指形式在语篇环境层面分布情况的统计结果。

英汉期刊论文名词性回指的语篇环境分析

第 3 章通过对前人研究成果的继承与修正,构建了本书的分析框架。该框架认为回指语形式的选择是多因素综合作用的结果,这些影响因素中很大一部分是回指语所处的语篇环境因素。而第 4 章详细介绍了本书的实际语料以及语料中回指形式语篇环境分布的统计方法。本章具体分析期刊论文语篇名词性回指的语篇环境,即关键名词对应的不同形式回指语在语篇中的分布情况。

5.1 英汉关键名词不同形式回指语数量分布特征

根据前文所述的语料分析标准,笔者对 60 篇期刊论文引言中的关键名词回指语进行了统计。本书统计把指称/回指语形式分为零形、代词和名词三大类;其中零形回指语是一种特殊的代词回指语。根据统计结果,在这些期刊论文引言部分语料中,涉及不同形式的指称语(包括首次引入概念实体的指称形式)共1 338 个,其中英语 653 个,汉语 685 个;如果排除首次引入的指称形式,语篇中所统计的不同形式回指语共1 278 个,其中英语 623 个,汉语 655 个。在这些回指语中,不同形式的数量分布如表 5.1 所示。

表 5.1 英汉期刊论文中关键名词不同形式回指语数量分布

关键名词回指语	不同形式回指语			总计
	零形	代词	名词	
英语期刊论文	28	60	535	623
	4.49%	9.63%	85.88%	100.00%
汉语期刊论文	125	34	496	655
	19.08%	5.19%	75.73%	100.00%

考虑到学科差异性的影响,在统计阶段笔者又根据语料来源把英汉语料分为英语社会科学/自然科学语篇和汉语社会科学/自然科学语篇。根据这种方式,不同形式的英汉回指语数量分布如表5.2所示。

表5.2　社会/自然科学期刊论文中英汉关键名词不同形式回指语数量分布

关键名词回指语	不同形式回指语			总计
	零形	代词	名词	
英语社会科学期刊论文	8	24	312	344
	2.33%	6.98%	90.71%	100.00%
英语自然科学期刊论文	20	36	223	279
	7.19%	12.90%	79.91%	100.00%
汉语社会科学期刊论文	36	13	257	306
	11.76%	4.25%	83.99%	100.00%
汉语自然科学期刊论文	89	21	239	349
	25.50%	6.02%	68.48%	100.00%

表5.1和表5.2是关于英汉学术期刊论文中不同形式回指语的数量和比例分布。根据表5.1,最直观、明显的特征是无论在英语还是汉语语篇中,名词形式回指语所占比例都是最高的,其中英语为85.88%,而汉语为75.73%。相对来说,零形式和代词形式的回指语所占比例都较低;其中英语语料中,零形回指语比例最低,为4.49%,代词形式回指语比例略高,为9.63%;汉语则相反,零形回指语比例为19.08%,高于代词形式回指语比例(5.19%)。如果进一步把语料细分为英语社会科学/自然科学语篇和汉语社会科学/自然科学语篇,统计结果仍然显示这样的分布比例特征(详细请看表5.2)。

从关键名词的不同回指形式数量比例来看,无论是英语还是汉语,名词回指语的比例都是最高的,占了绝对多数。那么作为参照对象,故事语篇中相应回指语的分布情况如何呢? 笔者对英汉故事传说中关键名词的不同回指形式的统计结果如表5.3所示。

表5.3　英汉故事语篇关键名词不同形式回指语数量分布

关键名词回指语	不同回指形式			总计
	零形	代词	名词	
英语故事语篇	59	259	104	422

（续表）

关键名词回指语	不同回指形式			总计
	零形	代词	名词	
英语故事语篇	13.98%	61.37%	24.65%	100%
汉语故事语篇	183	111	145	439
	41.69%	25.28%	33.03%	100%

根据表 5.3 的统计结果,在英语故事中代词回指语的使用比例最高,而汉语故事中零形回指语的比例最高。无论在英语故事还是汉语故事语篇中,名词回指语的使用比例并不占优势。

表 5.1 和表 5.3 数据的比较可以说明,学术期刊关键名词不同形式回指语的数量分布确实不同于故事语篇中主要人物不同形式回指语的数量分布。当然,这份统计数据比较直观、简单,不足以说明关键名词不同回指形式在语篇环境中分布情况的全貌。在本章接下来的部分,笔者将从线性距离、修辞结构距离和句法位置这三个语篇环境因素层面分析关键名词不同回指形式的分布情况,并将其与故事语篇中对应的回指语分布情况做比较。

5.2　零形回指语的语篇环境分布情况

5.2.1　线性距离

根据本书的回指语形式选择模型,影响回指语选择的语篇环境因素包括先行语和回指语的线性距离、修辞结构距离和句法位置。本节先分析先行语和回指语的线性距离。线性距离测算有不同的方式,本书采用句子间隔距离与小句间隔距离两种方式综合分析先行语和回指语的线性距离。

根据对语料的分析,从回指语和先行语之间的线性距离来看,零形回指语和先行语之间的距离全都非常近。例如:

1. The issue of security is not limited to the executive power, but Ø is also relevant to political parties, energy infrastructure providers, water boards, road management, ministries, administrative organizations, NGOs and even sporting organizations (such as the International Olympics Committee)... (附录:EH1)

2. 大数据已经在政府公共管理、医疗服务、零售业、制造业,以及涉及个

人的位置服务等领域得到了广泛应用,并 <u>Ø</u> 产生了巨大的社会价值和产业空间。(附录:CH2)

例1中的先行语为"The issue of security",位于第一小句,回指语为零形"Ø",位于第二小句。先行语和回指语位于同一句子内,并且之间没有小句间隔,因此间隔距离为0。例2中的先行语为"大数据",位于第一小句,回指语为零形"Ø",位于第二小句,同样两者位于同一句子内,并且之间没有小句间隔,间隔距离为0。这样的分布情况在论文语篇中比例很高。笔者统计了语料中关键名词的零形回指语和先行语的线性距离,结果如表5.4和表5.5所示。

表5.4 英汉期刊论文线性距离(句子间隔)层面关键名词零形回指语分布情况

零形回指	句子间隔距离				总计
	同句	前句	同段	跨段	
英语期刊论文	27	1	0	0	28
	96.43%	3.57%	0.00%	0.00%	100.00%
汉语期刊论文	122	3	0	0	125
	97.60%	2.40%	0.00%	0.00%	100.00%

表5.5 英汉期刊论文线性距离(小句间隔)层面关键名词零形回指语分布情况

零形回指	小句间隔距离				总计
	0	1	2	3及3以上	
英语期刊论文	28	0	0	0	28
	100.00%	0.00%	0.00%	0.00%	100.00%
汉语期刊论文	125	0	0	0	125
	100.00%	0.00%	0.00%	0.00%	100.00%

表5.4和表5.5清楚地显示,从句子间隔距离看,英语期刊论文中96.43%的零形回指语与其先行语位于同一句子内;汉语期刊论文中,97.60%的零形回指语与其先行语位于同一句子内。从小句间隔距离看,这个趋势更加明显。在英语和汉语期刊论文中,全部(100%)的零代词与其先行语之间的小句间隔为0。

因此,总的来说,在线性距离层面,英汉关键名词零形回指语与其先行语的距离非常近,基本上都位于同一句子之内,并且之间没有任何小句间隔。另外,从学科分类角度来看,零形回指语在线性距离层面的分布趋势在不同学科类型语料中没有发生明显的变化(详见表5.6和表5.7)。

表5.6　英汉社会/自然科学期刊论文线性距离(句子间隔)层面关键名词零形回指语分布情况

零形回指语	语篇距离				总计
	同句	前句	同段	跨段	
英语社会科学期刊论文	7	1	0	0	8
	87.50%	12.50%	0.00%	0.00%	100.00%
英语自然科学期刊论文	20	0	0	0	20
	100.00%	0.00%	0.00%	0.00%	100.00%
汉语社会科学期刊论文	36	0	0	0	36
	100.00%	0.00%	0.00%	0.00%	100.00%
汉语自然科学期刊论文	86	3	0	0	89
	96.63%	3.37%	0.00%	0.00%	100.00%

表5.7　英汉社会/自然科学期刊论文线性距离(小句间隔)层面关键名词零形回指语分布情况

零形回指语	语篇距离				总计
	0	1	2	3及3以上	
英语社会科学期刊论文	8	0	0	0	8
	100.00%	0.00%	0.00%	0.00%	100.00%
英语自然科学期刊论文	20	0	0	0	20
	100.00%	0.00%	0.00%	0.00%	100.00%
汉语社会科学期刊论文	36	0	0	0	36
	100.00%	0.00%	0.00%	0.00%	100.00%
汉语自然科学期刊论文	89	0	0	0	89
	100.00%	0.00%	0.00%	0.00%	100.00%

5.2.2　修辞结构距离

根据回指语形式选择模型,回指语对应语篇实体认知状态除了受回指语和先行语的线性距离影响之外,还受两者之间修辞结构距离的制约。回指语和先行语的线性距离侧重于从语篇形式的视角分析两者的间隔距离,修辞结构距离则强调从语义信息的视角探讨回指语和先行语的间隔距离。从修辞结构距离视角而言,回指语和先行语之间的距离越近,先行语语篇实体的认知激活度降低得较少,在回指语的语篇位置上实体激活度越高;反之,回指语和先行语之间的距离越远,先行语实体的激活度降低得较多,在回指语的语篇位置上实体激活度越低。根据修辞结构距离参数的设定,位于同一修辞结构层级的命题之间距离最短,标记为"1",两个命题之间的修辞结构层级逐层加大,两者的修辞结构距离逐渐变远,依次标记为"2""3"和"4 及 4 以上"。本书对英汉关键名词零形回指语和先行语修辞结构距离进行了统计,结果如表5.8所示。

表5.8　英汉期刊论文中修辞结构距离层面关键名词零形回指语分布情况

零形回指	修辞结构距离				总计
	1	2	3	4 及 4 以上	
英语期刊论文	26	2	0	0	28
	92. 86%	7. 14%	0. 00%	0. 00%	100. 00%
汉语期刊论文	105	19	1	0	125
	84. 00%	12. 50%	3. 50%	0. 00%	100. 00%

根据表5.8,关键名词零形回指语基本上都分布在修辞结构距离为1和2的语篇环境中,并且分布在修辞结构距离为1的语篇环境中的零形回指语比例最高。

英语期刊论文中,92.86%的关键名词零形回指语分布在修辞结构距离为1的语篇环境中,7.14%的零形回指分布在修辞距离为2的语篇环境中,两者相加为100%。我们通过语料中的实例看一下英语零形回指语在修辞结构距离上的主要分布位置:

3. （a）Hyperthermia is under clinical trials（research study with people）and（b）Ø is not widely available.（附录:ES3）

在例3中,回指对象是"Hyperthermia",回指语和先行语之间不仅线性距离很近,修辞结构距离也很近,两者所处的两个小句(a)和(b)构成一个修辞结构,位于同一修辞结构层级,回指语和先行语之间的修辞结构距离为1。

在汉语期刊论文中,84.00%的关键名词零形回指分布在修辞结构距离为1的语篇环境中,12.50%的零形回指分布在修辞距离为2的语篇环境中,两者相加比例为98.78%。例4是分布在修辞结构距离为1的语篇环境中的汉语零形回指语具体实例。

4.（a）移动互联网通过无线接入设备访问互联网,（b）Ø 能够实现移

动终端之间的数据交换……（附录：CS10）

　　汉语实例与英语实例显示的情况相同。在修辞结构距离方面，例 4 中回指对象是"移动互联网"，回指语和先行语之间不仅线性距离很近，修辞结构距离也很近，两者所处的小句（a）和（b）构成一个语式，位于同一修辞结构层级，回指语和先行语之间的修辞结构距离为 1。

　　根据表 5.8 显示的统计结果，我们可以看到无论是在英语期刊论文还是汉语学期刊论文中，关键名词零形回指语主要分布在修辞结构距离比较近的语篇环境中，特别是修辞结构距离为 1 的语篇环境中，这是最近的修辞结构距离位置。这种分布情况符合回指语形式选择模型的理论假设，因为修辞结构距离越近，对应语篇实体的认知激活度越高，回指形式选择越趋向于简单。零形回指是最简单的回指形式，根据对实际语料的分析，它在英汉期刊论文中主要分布在修辞结构距离最近的语篇环境中，从这个角度而言，关键名词零形回指语对应的实体在认知记忆系统中激活度很高。所有语料中只有 1 例零形回指与先行语的修辞结构距离为 3，这在后文的对比中会详细分析。当然，表 5.8 中英汉回指语的分布情况还是有点差异，主要表现在汉语回指语分布在距离为 2 或 3 的语篇环境中的比例略高于英语回指语的分布比例，这点在本书第 8 章中会详细讨论。

　　此外，在从修辞结构距离视角对英汉期刊论文中关键名词零形回指语分布情况的统计过程中，笔者也从学科分类角度进行了统计，结果如表 5.9 所示。

表 5.9　英汉社会/自然科学论文修辞结构距离层面关键名词零形回指语分布情况

零形回指	修辞结构距离				总计
	1	**2**	**3**	**4 及 4 以上**	
英语社会科学期刊论文	8	0	0	0	8
	100%	0.00%	0.00%	0.00%	100%
英语自然科学期刊论文	18	2	0	0	20
	90.00%	10.00%	0.00%	0.00%	100%
汉语社会科学期刊论文	33	3	0	0	36
	91.67%	8.33%	0.00%	0.00%	100.00%
汉语自然科学期刊论文	72	16	1	0	89
	80.90%	17.98%	1.12%	0.00%	100.00%

　　根据表 5.9，从修辞结构距离的角度而言，学科差异并没有导致修辞结构距

离层面零形回指分布趋势产生大的变动。具体而言,表5.9中的英语零形回指语在社会/自然科学期刊论文中的分布趋势之间没有较大差异,并且和英语期刊论文中所有零形回指语的整体分布趋势(表5.8)相比也没有较大差别;汉语零形回指语也是如此。

5.2.3 句法位置

分析了影响关键名词零形回指编码选择的两个语篇因素之后,我们再来看一下零形回指关系中先行语和回指语的句法位置。根据回指形式选择理论模型,回指语认知实体的激活度受其自身和相应先行语的句法位置的影响,并最终影响具体回指形式的选择。在一个小句中,主语位置上的句法成分对应语篇实体的激活度最高,宾语次之,其他位置的成分再次之。如果先行语或回指语所处句法位置对应较高的激活度高,则回指语形式倾向于简单;反之,如果先行语或回指语所处句法位置激活度低,则回指语形式倾向于复杂。本书在句法位置分布层面对语料中关键名词零形回指关系中的先行语和回指语进行统计,统计的初步结果如表5.10所示。

表5.10 英汉期刊论文中句法位置层面关键名词零形回指先行语/回指语分布情况

零形回指关系		句法位置			总计
		主语	宾语	领属语	
英语期刊论文	先行语	26	0	2	28
		92.86%	0.00%	7.14%	100.00%
汉语期刊论文	先行语	113	1	11	125
		90.40%	0.80%	8.80%	100.00%
英语期刊论文	回指语	27	0	1	28
		96.43%	0.00%	3.57%	100.00%
汉语期刊论文	回指语	124	0	1	125
		99.20%	0.00%	0.80%	100.00%

根据表5.10的分析结果,英汉关键名词零形回指关系中,先行语和回指语基本分布在主语位置,并且两者基本上都处于平行位置,即先行语如果位于主语位置,回指语也位于主语位置。请看以下两例:

5. Hyperthermia is under clinical trials (research study with people)

and Ø is not widely available. （附录：ES3）

　　6. 批评话语分析始于 20 世纪 70 年代末由英国东安格利亚大学的语言学家们倡导的批评语言学，Ø 是话语分析的一支重要力量。（附录：CH6）

　　例 5 中先行语"Hyperthermia"位于第一小句的主语位置，后一小句中零形回指语同样位于小句的主语位置；例 6 中先行语"批评话语分析"位于该小句的主语位置，后一小句中零形回指语同样位于小句的主语位置。在英汉学术期刊论文语料中，零形回指关系中先行语和回指语基本上都是处于这样的平行关系，所以表 5.10 中先行语和回指语基本都集中在小句主语位置。

　　关于零形回指语在句法位置层面的分布，此处有一点补充说明。笔者在对语料实例初步分析的过程中，发现有相当一部分关键名词回指语分布在领属语位置，例如：

　　7. Quantification of soil quality has been lacking and Ø remains a key goal in agricultural management. （附录：ES7）

　　8. 相对于其他领域的研究，肠道菌群调控行为的研究尚处于起步阶段，但 Ø 已经逐渐成为多个领域的研究热点。（附录：CS1）

　　例 7 中，关键名词回指的对象是"soil quality"，在先行语部分充当领属语，在例 8 中，关键名词回指的对象是"肠道菌群"，也是在先行语部分充当领属语。然而，前一例中在回指语位置上零形回指的实际对象是"quantification of soil quality"这个语篇实体，其中位于领属语位置上的"soil quality"是作为"quantification"的修饰说明成分一起被省略了；在后一例中，在回指语位置上零形回指的对象是"肠道菌群调控行为的研究"这个更复杂的语篇实体，其中"肠道菌群"是作为"调控行为的研究"的修饰说明成分一起被省略了。因此在例 7 和例 8 中不仅是领属语位置上的成分采用了零形回指形式，而是包括领属语的整个主语位置上的成分采用了零形回指形式。关键名词对应的语篇实体是另一个更复杂的语篇实体的一部分，采用零形回指时说话人考虑的回指对象是这个更复杂的实体，而不仅仅是关键名词对应的语篇实体。笔者认为这种情况下应该把零形回指关系理解为第二个小句中的零形回指语指向的对象是第一个小句中主语位置上整个更复杂的语篇实体，而不是单独分析领属语位置上的语篇实体。在这种回指关系中应该分析的先行语和回指语是包括关键名词在内的整个名词短语。如果只考虑关键名词而忽视了关键名词连同其所修饰的中心名词一起被省略这个语言事实的话，分析的结果难免有失偏颇，是不合适的。从这个角度出发，笔者认为在例 7、例 8 中,我们应该分析关键名词所修饰的整个名词短语所处的句法位置,先行语和回指语实际上都位于主语位置。经过调整,笔者重新对英汉关键名词零形回指关系中的先行语和回指语的句法位置进行了统计,结果如表 5.10 所示。先行语和回指语大都位于主语位置:英语关键名词零形回指关系中,先行语分布在主语位置上的比例为 92.86%,回指分布在主语位置上的比例为 96.43%;汉语关键名词零形回指关系中,先行语分布在主语位置上的比例为 90.40%,回指分布在主语位置上的比例为 99.20%。主语是小句中认知凸显度最高的位置,这增强了该位置上句法成分的认知激活度。如果排除其他因素,主语位置上的名词性成分对应语篇实体认知激活度较高,导致回指语形式倾向于简单。根据表 5.10,关键名词零形回指关系中先行语和回指语都倾向于分布在主语位置,对应语篇实体的认知状态比较活跃,这符合回指形式选择理论模型。

考虑到学科类型对回指语分布影响的可能性,笔者也从学科分类(社会科学/自然科学)角度进行了统计,结果如表 5.11 所示,关键名词零形回指语的分布趋势没有发生显著变化。

表 5.11 英汉社会/自然期刊论文中句法位置层面关键名词零形回指先行语/回指语分布情况

零形回指关系		句法位置			总计
		主语	宾语	领属语	
英语社会科学期刊论文	先行语	7	0	1	8
		87.50%	0.00%	12.50%	100.00%
英语自然科学期刊论文	先行语	19	0	1	20
		95.00%	0.00%	5.00%	100.00%
汉语社会科学期刊论文	先行语	33	0	3	36
		91.67%	0.00%	8.33%	100.00%
汉语自然科学期刊论文	先行语	80	1	8	89
		89.89%	1.12%	8.99%	100.00%
英语社会科学期刊论文	回指语	7	0	1	8
		87.50%	0.00%	12.50%	100.00%
英语自然科学期刊论文	回指语	20	0	0	20
		100.00%	0.00%	0.00%	100.00%
汉语社会科学期刊论文	回指语	36	0	0	36
		100.00%	0.00%	0.00%	100.00%

（续表）

零形回指关系		句法位置			总计
		主语	宾语	领属语	
汉语自然科学期刊论文	回指语	88	0	1	89
		98.88%	0.00%	1.12%	100.00%

5.3　代词回指语的语篇环境分布情况

5.3.1　线性距离

根据回指语形式选择模型,首先来分析一下制约代词回指语分布的第一个语篇环境因素:回指语和先行语的线性距离。笔者对英汉期刊论文中关键名词回指语进行了统计,具体结果如表 5.12、表 5.13 所示。

表 5.12　英汉期刊论文线性距离(句子间隔)层面关键名词代词回指语分布情况

代词回指	句子间隔距离				总计
	同句	前句	同段	跨段	
英语期刊论文	38	22	0	0	60
	63.33%	36.67%	0.00%	0.00%	100.00%
汉语期刊论文	22	12	0	0	34
	64.71%	35.29%	0.00%	0.00%	100.00%

表 5.13　英汉期刊论文线性距离(小句间隔)层面关键名词代词回指语分布情况

代词回指	小句间隔距离				总计
	0	1	2	3 及 3 以上	
英语期刊论文	55	5	0	0	60
	91.67%	8.33%	0.00%	0.00%	100.00%
汉语期刊论文	32	2	0	0	34
	94.12%	5.88%	0.00%	0.00%	100.00%

从表 5.12 和表 5.13 可以看到,在回指语和先行语之间的线性距离层面,代词回指语与先行语之间的距离很近。特别是从小句间隔距离这个语篇环境因素来看,关键名词代词回指语所在的小句几乎都紧邻先行语所在的小句,两者之间没有插入其他小句。英语语篇中,在 0 小句间隔位置的代词回指语占了总数的

91.67%;而汉语语篇中,94.12%的代词回指语位于 0 小句间隔位置。两者的比例都非常高,具体实例如下:

9. Cultural taste becomes most relevant for distinction and social closure when it has an impact on other domains such as career advancement or social connections (social capital). (附录:EH5)

10. 半强制分红政策在中观的行业层面和微观的公司层面上究竟强制了"谁",它影响了哪些公司的分红行为? (附录:CH1)

例9和例10中,回指语所在小句都紧跟着先行语所在小句,之间没有插入其他小句。从小句间隔距离的角度来看,回指语和先行语的线性距离最近,都是0 小句间隔。不仅如此,在上述两例中,回指语和先行语都是位于同一句子之内,从句子间隔距离的角度来看,两者之间的线性距离也是最近的。这和上一节分析的零形回指语和先行语的线性距离是一致的:回指语和线性词之间的句子间隔距离和小句间隔距离都是最近的。

不过,代词回指语线性距离分布趋势和零形回指语的分布趋势还是存在着一些差异。在零形回指语中,分布在同句内位置和 0 小句间隔位置的英汉零形回指语比例几乎都达到了100%(详见表4.4和表4.5)。而在代词回指语的分布中,虽然从小句间隔角度而言90%多的回指语分布在 0 小句间隔位置,但是它们在句子间隔线性距离层面上分布在同句位置的比例没有那么高。虽然也有很高比例的代词回指语分布在和先行语同句的位置(英语中为 63.33%,汉语中为64.71%),但仍有 36.67%的英语代词回指语和35.29%的汉语回指语分布在先行语后一句的位置,具体实例如下。

11. Cobalt is a strong colorant used in many areas of the world for the production of pigments and blue glass and glazes. Its earliest use is probably in Egypt in the Late Bronze Age, around 16th century BC. (附录:EH4)

12. 什么是人工智能? 它的技术本质是什么? (附录:CS13)

在例 11 中,"its"是人称代词的所属格形式,回指前一句中的"cobalt"。虽然回指语和先行语所在小句之间没有间隔,但仍然分属两个不同的句子。在例 12 中,人称代词"它"回指前一句中的"人工智能",两者之间小句间隔为 0,但不位于同一句子内。总之,在英汉学术语篇中,

36.67% 和 35.29% 的代词回指语分布在先行语所在句子的后一句中,虽然这两个比例都没有超过 50%,但足以说明代词回指语分布在前一句的位置绝不是偶然的特例。

综合表 5.12 和表 5.13 中代词回指语与先行语的线性距离统计结果来看,关键名词代词回指语分布在较远位置的比例高于零形回指语的比例,具体而言,分布在前句位置的代词回指语比例明显高于分布在这个位置的零形回指语比例。这里需要强调的是,本书的分析是基于不同形式的回指语分布趋势来进行的,而不是说每一个代词回指语和零形回指语相比,一定分布在较远的线性距离语篇位置。当然,综合小句间隔位置分布趋势和句子间隔位置分布趋势,代词回指语和先行语的线性距离还是很近的,只是与零形回指语和先行语的线性距离分布趋势相比,分布在较远线性距离位置的代词回指语比例较高。回指语和先行语的线性距离对回指语篇实体的影响表现为线性距离越近,实体激活度越高;线性距离越远,实体激活度越低。相比零形回指语,代词回指语更有可能分布在较远线性距离的位置。因此,笔者认为从线性距离视角而言,学术语篇中代词回指语对应的语篇实体激活度很高,仅比零形回指语对应的语篇实体激活度略低,这也符合我们之前的理论假设。统计过程中,笔者也分析了英汉社会/自然科学期刊论文中代词回指语在线性距离层面的分布情况,具体信息如表 5.14 和表 5.15 所示。两表的数据显示学科类型没有对代词的分布情况造成显著影响。

表 5.14　英汉社会/自然科学期刊论文线性距离(句子间隔)层面关键名词代词回指语分布情况

代词回指	语篇距离				总计
	同句	前句	同段	跨段	
英语社会科学期刊论文	16	8	0	0	24
	66.67%	33.33%	0.00%	0.00%	100.00%
英语自然科学期刊论文	22	14	0	0	36
	61.11%	38.89%	0.00%	0.00%	100.00%
汉语社会科学期刊论文	10	3	0	0	13
	76.92%	23.08%	0.00%	0.00%	100.00%
汉语自然科学期刊论文	12	9	0	0	21
	57.14%	42.86%	0.00%	0.00%	100.00%

表5.15 英汉社会/自然科学期刊论文线性距离(小句间隔)层面关键名词代词回指语
分布情况

代词回指	语篇距离				总计
	0	**1**	**2**	**3及3以上**	
英语社会科学期刊论文	22	2	0	0	24
	91.67%	8.33%	0.00%	0.00%	100.00%
英语自然科学期刊论文	33	3	0	0	36
	91.67%	8.33%	0.00%	0.00%	100.00%
汉语社会科学期刊论文	13	0	0	0	13
	100.00%	0.00%	0.00%	0.00%	100.00%
汉语自然科学期刊论文	19	2	0	0	21
	90.48%	9.52%	0.00%	0.00%	100.00%

5.3.2 修辞结构距离

根据回指语形式选择模型,第二个影响回指语形式选择的语篇环境因素是回指语和先行语之间的修辞结构距离。两者间的修辞结构距离越近,回指语篇实体的认知激活度高,倾向于选择简略回指形式;反之,修辞结构距离越远,回指语篇实体的认知激活度低,倾向于选择较复杂的回指形式。在修辞结构距离层面,本书对关键名词英汉代词回指语的统计结果如表5.16所示。

表5.16 英汉期刊论文中修辞结构距离层面关键名词代词回指语分布情况

代词回指	修辞结构距离				总计
	1	**2**	**3**	**4及4以上**	
英语期刊论文	41	19	0	0	60
	68.33%	31.67%	0.00%	0.00%	100.00%
汉语期刊论文	25	9	0	0	34
	73.53%	26.47%	0.00%	0.00%	100.00%

根据表5.16,期刊论文中关键名词的代词回指语基本上都分布在修辞结构距离为1和2的语篇环境中,并且分布在修辞结构距离为1的语篇环境中的代词回指语比例最高。具体而言,英语学术语篇中的代词回指语主要分布在修辞结构为1的语篇环境中,比例为68.33%,如例13所示。

13. The project has improved the definition of the <u>CAV</u>, <u>its</u> spatial and temporal distribution and life historic characteristics have been analyzed... （附录:ES9）

例 13 中的关键名词是"CAV",回指语和先行语之间修辞结构距离很近,两者所处的两个小句构成一个修辞结构,位于同一修辞结构层级,回指语和先行语之间的修辞结构距离为 1。英语期刊论文中,也有部分关键名词代词回指语分布在修辞结构为 2 的语篇环境中,具体比例为 31.67%,实例如下:

14. (a) In this work, we investigate (b) why <u>cybersecurity</u> is not receiving the attention (c) <u>it</u> deserves and (d) how an awareness of the importance of cybersecurity can be created. （附录:EH1）

例 14 是由 4 个小句构成的一个复合句,其中的回指对象是"cybersecurity"。从句法结构来看,小句(b)和(d)是两个并列宾语,而小句(c)充当小句(b)中宾语成分的定语。从修辞结构关系看,(b)和(d)构成一个罗列语式,而(c)是(b)的背景,附属于(b),三者的修辞结构关系如图 5.1 所示。

小句(c)中的"it"是小句(d)中"cybersecurity"的直接先行语,但小句(c)和(d)并不直接构成一

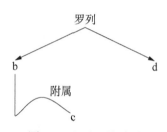

图 5.1　修辞结构关系

个语式,句(c)要上升一个层级才和(d)发生联系,因此两者的修辞结构距离为 2。

汉语期刊论文中,73.53%的关键名词代词回指语分布在修辞结构为 1 的语篇环境中,占了绝大多数,分布在修辞结构为 2 的语篇环境中的代词回指语数量较少,只占了 26.47%。两者具体实例如下。

15. (a)国家自然科学基金用个 36 项目支持<u>可拓学研究</u>,(b)使<u>它</u>能生存下来……（附录:CS6）

例 15 中回指语和先行语的线性距离非常近,之间没有小句间隔并位于同一句子。从修辞距离视角来看,该例中回指语所在的小句和先行语所在的小句构成一个语式,两者位于同一修辞层级,之间的修辞距离为 1。在汉语学术语篇中,这样的情况占了 73.53%。相应地,回指语和先行语之间更远的修辞结构距离则

为少数,例 16 是其中之一。

16. (a)性别观念全称为性别角色观念,(b)∅ 指有关男女应当遵从怎样的社会规范、社会角色分工、性别关系模式及其行为模式等观念。(c)它是性别平等基本国策实现程度的重要指标。(附录:CH8)

图 5.2　小句修辞关系

例 16 包括两个句子,第一句包括小句(a)和(b),两者构成一个修辞结构。小句(c)和(a)、(b)构成的语式发生联系,构成一个修辞结构。三个小句的修辞关系如图 5.2 所示。

小句 b 和 c 不位于同一修辞层级,两者之间的修辞距离是 2。这样的情况在汉语学术语篇中比较少。

根据表 5.16 关于关键名词的代词回指语和先行语之间的修辞距离的统计结果,我们可以看出,无论是在英语期刊论文中还是汉语期刊论文中,关键名词代词回指语基本分布在修辞结构距离比较近的语篇环境中,特别是修辞结构距离为 1(最近)的语篇环境中。这与之前分析零形回指语和先行语修辞距离的统计结果类似。根据回指语形式选择模型的理论假设,修辞结构距离越近,回指对象认知实体的激活度越高,回指形式选择越趋向于简单。代词回指也是比较简单的回指形式,分布在修辞结构距离较近的语篇环境中,反映了它对应的实体在认知记忆系统中的激活度比较高。

不过需要指出的是,在表 5.16 中,从整体上看,英汉代词回指语在修辞距离层面的分布比例与英汉零形回指语在修辞距离层面的分布比例相比,前者没有体现出比后者更远的分布趋势。然而分开来看,分布在修辞距离为 2 的语篇位置的英语代词回指语明显比分布在这个语篇位置的英语零形回指语多,而且比例也更高;而分布在修辞距离为 2 的语篇位置的汉语代词回指语相比分布在这个语篇位置的汉语零形回指语,从比例看相差不多,不过绝对数量明显要少。并且,分布在修辞距离为 2 的语篇位置的英语代词回指语与汉语代词回指语相比,数量更多,比例更高,这点在后文的对比中会详细分析。

在从修辞结构距离视角对英汉关键名词的代词回指语分布的统计过程中,笔者也从学科分类角度进行了统计,结果如表 5.17 所示。

根据表 5.17,从修辞结构距离的角度而言,英汉代词回指语在不同学科来源语篇中的分布趋势之间没有很大差异,和表 4.16 中代词回指语在所有英汉期刊论文中的整体分布趋势相比也没有很大差别。

表 5.17　英汉社会/自然科学期刊论文修辞结构距离层面关键名词代词回指语分布情况

代词回指	修辞结构距离				总计
	1	**2**	**3**	**4 及 4 以上**	
英语社会科学期刊论文	18	6	0	0	24
	75.00%	25.00%	0.00%	0.00%	100.00%
英语自然科学期刊论文	23	13	0	0	36
	63.89%	36.11%	0.00%	0.00%	100.00%
汉语社会科学期刊论文	11	2	0	0	13
	84.62%	15.38%	0.00%	0.00%	100.00%
汉语自然科学期刊论文	14	7	0	0	21
	66.67%	33.33%	0.00%	0.00%	100.00%

5.3.3　句法位置

上两小节分析了影响代词回指语形式选择的两个语篇因素,本节我们再分析一下代词回指关系中先行语和回指语的句法位置。根据对期刊论文中关键名词代词回指语的初步统计,代词回指语及其先行语主要分布在小句中的主语和领属语位置,也有可能出现在宾语位置。我们先来看一下语篇中的一些具体实例:

17. Hyperthermia may make some of the tumor cells more prone to radiations or damage other cancer cells which cannot be damaged by radiation. Many times, it also increases the effects of certain anticancer agents. (附录:ES3)

18. 半强制分红政策究竟影响了哪些公司进行分红? 它是否可以推动"铁公鸡"公司进行派现? (附录:CH1)

19. However, SARA is said to be associated with inflammations of different organs and tissues in dairy cows. Its consequences are diverse and complex, which include feed intake depression, fluctuations in feed intake, reduced diet digestibility, reduced milk yield, reduced milk fat percent, gastrointestinal damage, liver abscesses, and lameness. (附录:ES8)

20. 这些划时代的游牧民族征服活动显著改变了世界历史的轨迹,很

有必要解释<u>其</u>发生原因。（附录：CH7）

21. ... <u>Internet memes</u> often exhibit a tendency to negatively characterize the target, we therefore consider <u>them</u> from this negated position. （附录：EH2）

在例17中，第二句中的"it"回指前一句中的"Hyperthermia"，回指代词"it"在小句中位于主语位置。例18也是相同情况，代词回指语位于主语位置，第二句中的"它"回指前一句中的"半强制分红政策"。在这两例中，代词回指语主要都是位于小句主语位置。

在例19中，第二句中的主语是"its consequences"，"its"是人称代词"it"的属格形式，在该例中回指第一句中的主语"SARA"，"its"在小句中位于主语属格语位置。在例20中，第二个小句中的代词"其"回指前一小句中的"游牧民族征服活动"，该例中代词回指语位于宾语属格语位置。

在例21中，第一小句中的"Internet memes"和第二小句中的"them"构成回指关系，回指代词"them"位于小句中的宾语位置。因为汉语语料中暂时没有位于宾语位置的代词回指语，所以此处就不举例了。

此处简要说明一点，代词回指语和零形回指语一样，是以较简单的形式回指先行语，因此一种可能的情况是，先行语位于领属语位置，而代词回指的是包括先行语在内的更为复杂的名词短语。在分析零形回指语的句法位置时我们讨论过这种情况，代词回指关系中也有类似的情况，如下面两例：

22. In this context, <u>the application of Semantic Web technologies on smart cities data</u> has an extremely high potential and practical impact. <u>They</u> facilitate data integration from multiple heterogeneous sources... （附录：ES5）

23. <u>肠道菌群调控行为的研究</u>尚处于起步阶段，Ø 但已经逐渐成为多个领域的研究热点。<u>它</u>的发展和壮大需要依赖神经科学、微生物学、心理学、胃肠病学、精神病学、免疫学、药理学等多个领域的合作。（附录：CS1）

例22中，关键名词"smart cities"在先行语部分充当领属语，代词"they"的回指对象是"Semantic Web technologies on smart cities"这个语篇实体，"smart cities"作为"Semantic Web technologies"的修饰说明成分一起被省略了。这组回指关系中先行语位于领属语位置，而回指语位于主语位置。例23中，关键名词"肠道菌群"在先行语部分充当领属语，零形回指"Ø"的对象是"肠道菌群调控行为的研究"这个更复杂的语篇实体,其中"肠道菌群"作为"调控行为的研究"的修饰说明成分一起被省略了。而代词"它"回指的对象也是"肠道菌群调控行为的研究"这个语篇实体,这组回指关系中先行语"Ø"位于主语位置;回指语是"它",位于领属语位置。总之,如果代词回指对象是一个包含了关键名词对应语篇实体的更复杂的语篇实体,则以这个更复杂的语篇实体的句法位置为参照。根据对英汉期刊论文语料的统计分析,代词回指关系中,分布在不同句法位置上的先行语和回指语数量、比例如表 5.18 所示。

表 5.18　英汉期刊论文中句法位置层面关键名词代词回指先行语/回指语分布情况

代词回指关系		句法位置			总计
		主语	宾语	领属语	
英语期刊论文	先行语	34	8	18	60
		56.67%	13.33%	30.06%	100.00%
汉语期刊论文	先行语	20	3	11	34
		58.82%	8.82%	32.33%	100.00%
英语期刊论文	回指语	30	6	24	60
		50.00%	10.00%	40.00%	100.00%
汉语期刊论文	回指语	12	0	22	34
		35.29%	0.00%	64.71%	100.00%

　　根据表 5.18 的统计结果,在期刊论文中,关键名词的代词回指语及其先行语位于小句主语、宾语和领属语位置的情况都有可能(除了位于宾语位置的汉语代词回指语暂时没有发现),并且根据实际统计结果,关键名词的代词回指关系中先行语和回指语主要分布于小句主语和领属语位置。总的来说,和零形回指关系中分布在主语位置的先行语和回指语相比较(详见表 5.10),代词回指关系中先行语和回指语更倾向于分布在非主语位置。根据语篇实体状态理论和回指形式选择模型,从句法位置对语篇实体认状态的影响来看,主语是小句中认知凸显度最高的位置,而宾语和领属语位置的凸显度逐渐降低。与零形回指关系中的句法位置分布比例相比较,代词回指关系中,分布在主语位置的先行语和回指语比例明显下降,而分布在领属语位置的先行语和回指语比例明显上升。从中不难看出,代词回指语对应的语篇实体认知激活度比零形回指语对应的语篇实体激活度明显降低。

　　在分析代词回指关系中的先行语和回指语句法位置分布情况统计过程中,

笔者也从社会科学和自然科学分类的角度进行了统计,其具体数据如表 5.19
所示。

表 5.19　英汉社会/自然科学期刊论文中句法位置层面关键名词代词回指先行语/回指语
分布情况

代词回指关系		句法位置			总计
		主语	宾语	领属语	
英语社会科学期刊论文	先行语	12	3	9	24
		50.00%	12.50%	37.50%	100.00%
英语自然科学期刊论文	先行语	22	5	9	36
		61.11%	13.89%	25.00%	100.00%
汉语社会科学期刊论文	先行语	7	2	4	13
		76.92%	15.38%	7.70%	100.00%
汉语自然科学期刊论文	先行语	13	1	7	21
		60.91%	4.76%	34.33%	100.00%
英语社会科学期刊论文	回指语	12	2	10	24
		50.00%	8.33%	41.67%	100.00%
英语自然科学期刊论文	回指语	18	4	14	36
		50.00%	11.11%	38.89%	100.00%
汉语社会科学期刊论文	回指语	6	0	7	13
		46.15%	0.00%	53.85%	100.00%
汉语自然科学期刊论文	回指语	6	0	15	21
		28.57%	0.00%	71.43%	100.00%

根据表 5.19 的统计结果,在不同学科来源的英语期刊论文中,先行语和回
指语均主要分布在主语和领属语位置,两者的分布趋势没有很大差异。该统计
结果没有显示学科差异会导致代词回指关系中先行语和回指语句法位置分布趋
势产生较大的变动。

5.4　名词回指的分布情况

5.4.1　线性距离

根据本书的分析框架,影响语篇实体认知状态的语篇环境因素主要有三个,

本节还是先分析回指语和先行语的线性距离,具体结果如表 5.20 和表 5.21 所示。

表 5.20　英汉期刊论文中线性距离(句子间隔)层面关键名词的名词回指语分布情况

名词回指	句子间隔距离				总计
	同句	前句	同段	跨段	
英语期刊论文	99	235	78	123	535
	18.50%	43.92%	14.58%	23.00%	100.00%
汉语期刊论文	149	209	55	83	496
	30.04%	42.14%	11.09%	16.73%	100.00%

表 5.21　英汉期刊论文中线性距离(小句间隔)层面关键名词的名词回指语分布情况

名词回指	小句间隔距离				总计
	0	1	2	3 及 3 以上	
英语期刊论文	219	128	57	131	535
	40.93%	23.93%	10.65%	24.49%	100.00%
汉语期刊论文	287	96	29	84	496
	57.86%	19.35%	5.85%	16.94%	100.00%

　　根据表 5.20 和表 5.21 的统计结果,在线性距离来层面,名词回指语分布的范围较广,在最近到最远的线性距离环境中均有分布。在前两节的分析中,零形回指语和代词回指语只分布在线性距离较近的语篇位置,具体为同句和前句句子间隔距离环境以及 0 和 1 小句间隔距离环境没有分布在较远线性距离位置的零形回指语和代词回指语。而名词回指语在线性距离层面的分布则明显不同,有相当比例的名词回指语分布在线性距离较远的语篇位置。英语名词回指语中,14.58% 的回指语分布在同段位置,23.00% 的回指语分布在跨段位置,10.65% 的回指语分布在 2 小句间隔位置,24.49% 的回指语分布在 3 个以上小句间隔位置。汉语名词回指语中,11.09% 的回指语分布在同段位置,16.73% 的回指语分布在跨段位置,5.85% 的回指语分布在 2 小句间隔位置,16.94% 的回指语分布在 3 个以上小句间隔位置。以下为语料中的几个具体实例:

　　24. Cybersecurity breaches can thus be said to impact all stakeholders in our society.

　　Interest in cybersecurity issues often focuses on incidents...（附录:

EH1)

25. <u>Taste</u> and classification practices are thus a central manifestation of embodied cultural capital. The objectified form of cultural capital refers to the possession of cultural products such as books, musical instruments and works of art. Bourdieu's third form is institutionalized cultural capital, which he describes as academic qualifications.

Central to everyday life interactions is the embodied form of cultural capital which is, among other things, displayed in <u>cultural taste</u>. (附录:EH5)

26. ……而<u>性别观念</u>是影响一个国家或地区性别平等状况的重要因素。

<u>性别观念</u>全称为性别角色观念(gender-role attitudes),指有关男女应当遵从怎样的社会规范、社会角色分工、性别关系模式及其行为模式等观念。(附录:CH8)

27. 古代中国提供了研究<u>游牧民族征服</u>的好案例。中原王朝与游牧民族的冲突持续两千多年,而中国的史料记载丰富,对于诸多历史事件,包括旱灾、水灾、雪灾、霜冻等自然灾害,均有详细记录。研究中原王朝与游牧民族政权的冲突结果也有助于深化对中国历史的理解。有时,华夏文明因<u>游牧民族征服</u>而停滞上百年。(附录:CH7)

例 24 中,关键名词是"cybersecurity",虽然从小句间隔角度看,先行语和回指语距离不远,两者的小句间隔为 0;不过两者位于两个不同的段落,综合来看线性距离较远。例 25 中的关键名词是"cultural taste",先行语和回指语不仅位于两个不同的段落,而且之间间隔 4 个小句,线性距离很远。例 26 中,关键名词是"性别观念",从小句间隔角度来看,该例中先行语和回指语的小句间隔为 0,两者距离不远;不过两者位于两个不同的段落,综合来看线性距离较远。例 27 中的关键名词是"游牧民族征服",先行语和回指语不仅位于两个不同的段落,而且之间间隔 4 个小句,线性距离很远。回指语和先行语线性距离与回指形式的复杂程度大体成反比关系,线性距离越近,回指形式越趋向于简单,最简单的形式是零形回指;相反,线性距离越远,回指形式倾向于完整的名词形式。在上述四个例句中,先行语和回指语的线性距离都比较远,回指语或者分布在跨段位置,或者不仅分布在跨段位置,还和先行语之间间隔 4 个小句。这些例句中的回指语都选择了名词形式来表达所对应的语篇实体,这符合理论假设。

当然,除了部分分布在较远线性距离位置的名词回指语,也有很大部分的名词回指语分布在较近的线性距离位置,以下为语料中的几个具体实例:

28. MapReduce provides an efficient and fault tolerant parallel processing of large-scale data without any costly and dedicated computing node like a supercomputer. At the beginning, MapReduce was designed to be deployed on premises under mistaken assumption that local environment can be completely trusted. （附录：EH1）

29. 随着电子和计算机技术的发展,一种不同于永久故障和瞬态故障的特殊故障——间歇故障(Inter-mittent fault)逐渐引起人们的兴趣。间歇故障是一类持续时间短、可反复出现、未经处理可自行消失的非永久故障。（附录：CS3）

如表5.20 和表5.21 所示,在线性距离因素方面,分布在前句位置的关键名词名词回指语比例最高,英语回指语为43.92%,汉语回指语为42.14%;分布在0小句间隔位置的名词回指语比例最高,英语回指语为40.93%,汉语回指语为57.86%。在实际语料中,这两个语篇位置有较高的重合性,即分布在前句位置的名词回指语和先行语之间为0小句间隔,例28 和例29 就是具体实例。例28 中,关键名词为"MapReduce",先行语在回指语的前一句中,两者之间没有其他小句间隔;例29 中,关键名词为"间歇故障",同样,先行语在回指语的前一句中,两者之间没有其他小句间隔。总之,关键名词的名词回指语中较大比例还是分布在较近的线性距离位置。此外,笔者也统计了社会/自然科学语篇中名词回指在线性距离层面的分布情况,具体结果如表5.22 和表5.23 所示。

表 5.22　英汉社会/自然科学期刊论文线性距离(句子间隔)层面关键名词的名词回指语分布情况

名词回指语	语篇距离				总计
	同句	前句	同段	跨段	
英语社会科学期刊论文	59	133	47	73	312
	18.91%	42.62%	15.06%	23.41%	100.00%
英语自然科学期刊论文	40	102	31	50	223
	17.94%	45.74%	13.90%	22.42%	100.00%
汉语社会科学期刊论文	89	96	32	40	257
	34.63%	37.35%	12.45%	15.57%	100.00%
汉语自然科学期刊论文	60	113	23	43	239
	25.11%	47.28%	9.62%	17.99%	100.00%

表 5.23 英汉社会/自然科学期刊论文线性距离(小句间隔)层面关键名词的名词回指语
分布情况

名词回指语	语篇距离				总计
	0	**1**	**2**	**3 及 3 以上**	
英语社会科学期刊论文	116	86	34	76	312
	37.18%	27.56%	10.90%	24.36%	100.00%
英语自然科学期刊论文	103	42	23	55	223
	46.19%	18.83%	10.31%	24.67%	100.00%
汉语社会科学期刊论文	139	55	15	48	257
	54.09%	21.40%	5.84%	18.76%	100.00%
汉语自然科学期刊论文	148	41	14	36	239
	61.92%	17.14%	5.86%	15.08%	100.00%

综合表 5.20 至表 5.23 中的统计信息,从线性距离语篇因素来看,关键名词的名词回指语分布范围较广,从最近的距离到最远的距离均有分布,这是名词回指语在线性距离层面分布不同于零形回指语和代词回指语的一个特点。并且,较大比例的名词回指语倾向于分布在较近的线性距离环境中。根据上一章的分析框架,在语篇环境层面,名词回指语理论上应该分布在较远的线性距离位置,为何关键名词的名词回指语中有如此高比例的回指语分布在较近的线性距离位置?显然单凭线性距离自身这个语篇环境因素是无法解释的。我们继续分析名词回指语的其他语篇环境因素,并在下一章结合关键名词的名词回指语的语用功能来分析这个问题。

5.4.2 修辞结构距离

影响回指形式选择的第二个重要语篇环境因素是回指语和先行语之间的修辞结构距离。两者之间的修辞结构距离越近,回指语形式越趋向简单;反之,修辞结构距离越远,回指形式越倾向于复杂。从修辞结构距离的视角来看,关键名词名词回指语的分布趋势如表 5.24 所示。

表 5.24 英汉期刊论文中修辞结构距离层面关键名词的名词回指语分布情况

名词回指语	修辞结构距离				总计
	1	**2**	**3**	**4 及 4 以上**	
英语期刊论文	129	128	70	208	535
	24.11%	23.93%	13.08%	38.88%	100.00%

（续表）

名词回指语	修辞结构距离				总计
	1	**2**	**3**	**4 及 4 以上**	
汉语期刊论文	142	118	76	160	496
	28.63%	23.79%	15.32%	32.26%	100.00%

如表 5.24 所示,在修辞结构距离层面,关键名词的名词回指语的分布范围很广,从最近的距离 1 到最远的距离 4 个以上均有分布。与零形回指语和代词回指语分布情况相比较,名词回指语在修辞结构距离上分布的一个明显特征是有一定比例的名词回指语分布在较远的修辞结构距离位置。在前两节的分析中,零形回指语和代词回指语几乎全部分布在较近的修辞结构距离位置,即 1 和 2 的语篇位置。而在名词回指语的分布趋势中,在 1、2 修辞结构距离位置上的回指语比例明显下降,分布在 3 和 4 及 4 以上的名词回指语比例明显上升。特别是分布在最远修辞结构距离位置的名词回指语占了相当大的比例。英语语篇中,38.88% 的名词回指语分布在 4 及 4 以上的语篇位置,而汉语语篇中则有 32.26% 的回指语分布在该位置。根据笔者对语料中实例的考察,分布在较远修辞结构距离位置的名词回指语可以分成两种情况,一种是修辞结构距离和线性距离一致,即回指语和先行语的线性距离很远,同时两者的修辞结构距离也很远,例如:

30. <u>Active Learning</u> in recommender systems tackles the problem of obtaining high quality data that better represents the user's preferences and improves the recommendation quality. This is... The ultimate goal is...

It is worth noting that users are typically not interested and are reluctant to rate items: this activity represents a cognitive cost for the user. For that reason it is important to carefully design an <u>active learning</u> strategy for identifying a small set of items to rate... (附录:ES2)

31. 第三,<u>半强制分红政策</u>不能强制"谁",<u>它</u>能否约束和减少"铁公鸡"公司? 第四,监管部门设置的最低分红"门槛"是否有效,它可能带来什么问题?

本书的研究贡献体现在:第一,深入考察了<u>半强制分红政策</u>在宏观、中观以及微观层面上对于中国上市公司现金股利政策的影响;(附录:CH1)

在例 30 中,关键名词是"active learning",回指语和先行语分布在两个不同的段落,并且之间间隔 3 个以上小句,线性距离很远。相应的,回指语和先行语所在小句位于不同的修辞结构层级,并且两个修辞结构相距为 4 个小句以上,距离很远。同样,在例 31 中,第二段中的"半强制分红政策"回指前一段中的"它"。该例中,回指语和先行语分布在两个不同的段落,并且之间间隔 3 个小句,线性距离很远。相应的,在修辞结构层级上,回指语和先行语所在小句位于不同的层级,且两个修辞结构相距为 4 个小句,距离很远。当然,实际语料中还有的回指语和先行语之间的线性距离更远,两者之间的修辞结构距离也相应更远,因为要占用较大的篇幅,就不在此具体举例了。

期刊论文中,关键名词的名词回指语和先行语之间修辞结构较远,另一种情况是两者之间的修辞结构距离和线性距离不一致,即回指语和先行语的线性距离很近,但是两者之间的修辞结构距离却很远,例如:

32. However, (a) there is still not a consensus view of (b) what SCM involves or (c) how it should be implemented. (d) Given the number of university programs devoted to SCM, (e) it is startling (f) there are only two cross-functional, cross-firm, process-based frameworks 6that can be, (g) and have been, implemented in major corporations. (附录: EH6)

33. (a) 与永久故障相比,间歇故障的发生具有随机(周期)性、间歇性和反复性;(b) 与瞬态故障相比,间歇故障可在同一部件反复出现,(c) 且更换部件后 Ø 不再出现,(d) 而瞬态故障的出现与否完全随机,(e) 不具有反复性,(f) 即使更换部件,仍然可能再次出现。(附录:CS3)

在例 32 和例 33 中,小句之间的修辞结构比较复杂,层级较多,因此有的先行语和回指语之间即使线性距离间隔很近,但两者之间的层级结构距离较远。例 32 中,(a)、(b)、(c)小句组成一个句子,(d)、(e)、(f)、(g)组成一个句子。小句(c)和(d)的线性距离比较近,两者之间没有其他小句间隔,从语篇线性距离来看两者是前后句关系,但是从修辞结构角度来看,例 32 中各小句之间的关系如图 5.3 所示。

很明显,小句(c)和(d)并不位于同一层级,位于(c)句的先行语和位于(d)句的回指语之间修辞结构距离为 3。例 33 中,小句之间的修辞结构也比较复杂,其关系如图 5.4 所示。

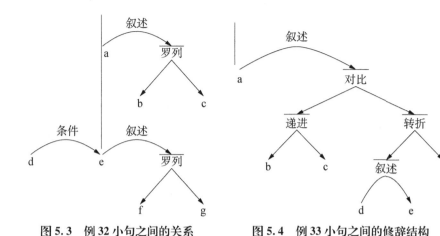

图 5.3　例 32 小句之间的关系　　　图 5.4　例 33 小句之间的修辞结构

在该例中,小句(b)紧邻小句(a),两句中的先行语和回指语线性距离非常近,但是从修辞结构距离来看,小句(a)和(b)相差两个层级,先行语和回指语的修辞结构距离为 3 个小句。

当然,根据表 5.24,还是有将近一半的名词回指语分布在较近修辞结构距离。英语语篇中,24.11% 的回指语分布在修辞结构距离为 1 的语篇位置,23.93% 的回指语分布在距离为 2 的位置,两者共占了 48.04%;汉语语篇中,28.63% 的回指分布在距离为 1 的位置,23.79% 的回指语分布在距离为 2 的位置,两者共占了 52.42%。我们来看两例分布在距离为 1 的回指语:

34. (a) Managerial ownership also impacts on <u>CSR performance</u>. (b) In particular, <u>CSR</u> ratings invert at high levels of insider ownership. (附录:EH9)

35. (a)此外,至 2008 年已有不同领域的 23 本专著用章节介绍<u>可拓学</u>;(b)<u>可拓学</u>研究者已承接国家自然科学基金有关可拓学的研究项目 36 项;(附录:CS6)

在例 34 中,回指对象是“CSR”(Corporate Social Responsibility),先行语和回指语位于前后两句,中间无其他小句间隔,从线性距离角度来看,先行语和回指语距离较近。从修辞结构角度分析,先行语和回指语所在小句构成一个修辞结构,两者位于同一层级,因此距离为 1,是最近的修辞结构距离。在例 35 中,回指对象是“可拓学”,先行语和回指语位于前后两个分句,且之间没有任何小句间隔,两个之间的线性距离很近。在修辞结构层面,先行语和回指语所在 2 个小句并列,构成一个修辞结构,位于同一层级,因此两者距离为1,是最近的修辞结构距离。在34、35两例中,修辞结构距离和线性距离基本保持一致,即先行语和回指语之间线性距离比较近,且两者之间的修辞结构距离也比较近。并且,根据笔者的观察,语料中位于较近修辞结构距离位置的名词回指语都是这种情况;相反,语料中基本没有先行语和回指语线性距离很远,而两者修辞结构距离较近的情况。当然,一种比较特殊的情况是分隔在两个不同段落的先行语和回指语之间的小句间隔距离很近,但是修辞结构距离很远。例如:

36. 因此,这种不具有强制性但却带有"软约束"性的股利监管制度被
形象地称之为半强制分红政策。
半强制分红政策的出台对于规范中国上市公司分红行为意义深远。
(附录:CH1)

例36中的回指对象是"半强制分红政策",先行语和回指语位于前后两个句子,之间没有小句间隔,从这个角度看,两者的线性距离很近。然而,先行语和回指语所在小句位于两个不同的段落,从语篇间隔线性距离看,两者之间的距离是"跨段",属于最远的线性距离。因此综合来看,例36中先行语和回指语的线性距离仍然较远。

总之,根据表5.24对关键名词的名词回指语在修辞结构距离层面的分布比例数据统计,无论是在英语语篇还是汉语语篇中,在修辞结构距离层面,名词回指语分布范围很广,从最近的距离1到最远的距离4及4以上均有分布。并且,回指语在较近距离位置和较远距离位置的分布比例大致相当。

在对分布于不同修辞结构距离位置的名词回指语统计的过程中,笔者也从学科分类角度进行了统计,结果如表5.25所示。

表5.25　英汉社会/自然科学期刊论文修辞结构距离层面关键名词的名词回指语分布情况

名词回指语	修辞距离				总计
	1	2	3	4及4以上	
英语社会科学期刊论文	53	88	45	126	312
	16.99%	28.21%	14.42%	40.38%	100.00%
英语自然科学期刊论文	76	40	25	82	223
	34.08%	17.94%	11.21%	36.77%	100.00%

（续表）

名词回指语	修辞距离				总计
	1	**2**	**3**	**4 及 4 以上**	
汉语社会科学期刊论文	73	58	38	88	257
	28.41%	22.57%	14.78%	34.24%	100.00%
汉语自然科学期刊论文	69	60	38	72	239
	28.87%	25.10%	15.90%	30.13%	100.00%

　　根据表 5.25 的信息，学科差异并没有导致修辞距离层面名词回指语的分布趋势产生巨大差异。

5.4.3　句法位置

　　5.4.1 和 5.4.2 从线性距离和修辞结构距离两个角度分析了名词回指语在语篇中的分布趋势，无论是在线性距离层面还是修辞结构距离层面，名词回指语的分布是很广泛的。本小节我们再来看一下关键名词的名词回指关系中先行语和回指语的句法位置分布趋势。各个句法位置上的分布比例如表 5.26 所示。

表 5.26　句法位置层面英汉关键名词的名词回指先行语/回指语分布情况

名词回指关系		句法位置			总计
		主语	**宾语**	**领属语**	
英语期刊论文	先行语	110	81	344	535
		20.56%	15.14%	64.30%	100.00%
汉语期刊论文	先行语	121	75	300	496
		24.40%	15.12%	60.48%	100.00%
英语期刊论文	回指语	105	79	351	535
		19.63%	14.77%	65.60%	100.00%
汉语期刊论文	回指语	101	78	317	496
		20.36%	15.73%	63.91%	100.00%

　　根据表 5.26 的统计结果，关键名词的名词回指关系中先行语和回指语在句法位置层面分布也很广泛，各个位置均有一定比例的先行语和回指语分布。本书以回指语为分析重点，因此笔者简单列举一下分布在不同句法位置的名词回指语实例：

37. The main mechanism involved is by killing the cancer cells by destructing proteins and the structure within cells. Thus, <u>hyperthermia</u> may shrink tumors. <u>Hyperthermia</u> may make some of the tumor cells more prone to radiations or damage other cancer cells which cannot be damaged by radiation. （附录：ES3）

38. <u>大数据</u>不再是产业环节上产生的副产品。相反，<u>大数据</u>已成为联系各个环节的关键纽带。（附录：CH2）

39. The activation likelihood estimation（ALE）meta-analysis method has been used previously to study <u>tasks in WM</u>. For example, collapsing across procedures, Rottschy et al. isolated <u>a consistent " core " WM network</u>, and later, Hill, Laird, and Robinson found differences in the WM network based on gender. （附录：ES1）

40. <u>性别观念</u>的社会建构理论认为，人们在社会化过程中学习、接纳或反抗各种<u>性别观念</u>。（附录：CH8）

41. Open Government's principles like transparency, participation and collaboration are central keys for the integration of citizens within the <u>smart city</u> paradigm.

The development of a <u>smart city</u> involves a multitude of technologies and processes. （附录：ES5）

42. 第二，将地方政府竞争因素考虑到<u>环境规制状况的实现过程</u>中，反映了<u>地方环境规制的形成机制</u>，控制了<u>影响环境规制形成的重要因素</u>。（附录：CH4）

在 37 和 38 两例中，回指语均位于小句的主语位置。例 37 中，回指对象是"hyperthermia"，在这个回指关系中，先行语位于小句的主语位置，而回指语位于后一句的主语位置。在例 38 中，回指对象是"大数据"，同样在这对回指关系中，先行语位于小句主语位置，回指语位于后一句的主语位置。

在 39 和 40 两例中，回指语均位于小句的宾语位置。例 39 中，回指对象是"WM（working memory）"，先行语"WM"是小句宾语的一部分，位于领属语位置，而回指语"a consistent ' core ' WM network"则位于后一句，具体在小句宾语位置。需要指出的是，该例中回指语采用了部分同形的方式，表述为"WM network"，同时该回指语还带有修饰成分"consistent ' core '"。例 40 中，回指对象是"性别观念"，先行语是主句主语的一部分，位于领属语位置，回指语则位于宾语小句的宾语位置。

在例 41 和 42 两例中,回指语均位于领属语位置。例 41 中,回指对象是 "smart city",该例中先行语位于领属语位置,是 "the smart city paradigm" 的组成部分,并且这个名词短语又是更复杂的名词短语的组成部分;而回指语位于跨段的下一句中,是小句主语 "the development of a smart city" 的组成部分,位于领属语位置。而在例 42 中,回指对象是 "环境规制"。该例中有三个小句,每个小句都包含回指对象成分。以第一和第二小句中回指对象构成的回指关系为例,第一小句中先行语位于领属语位置,第二小句中回指语同样位于领属语位置。

在上述六个例句中,名词回指语可能出现在小句的不同句法位置。当然,根据表 5.26 的统计结果,各位置上分布的先行语和回指语比例不同。最大的特征是名词回指语关系中,先行语和回指语都倾向于分布在小句领属语位置。具体而言,英语语篇中,64.30% 的先行语和 65.60% 的回指语分布在领属语位置;汉语语篇中,60.48% 的先行语和 63.91% 的回指语分布在领属语位置。笔者也从学科分类角度进行了统计,结果呈现相同的分布趋势(详见表 5.27)。

表 5.27　英汉社会/自然科学期刊论文句法位置层面关键名词的名词回指先行语/回指语分布情况

名词回指关系		句法位置			总计
		主语	宾语	领属语	
英语社会科学期刊论文	先行语	58	54	200	312
		18.59%	17.31%	64.10%	100%
英语自然科学期刊论文	先行语	52	27	144	223
		23.32%	12.11%	64.57%	100.00%
汉语社会科学期刊论文	先行语	63	50	144	257
		24.51%	19.46%	56.03%	100.00%
汉语自然科学期刊论文	先行语	58	25	156	239
		24.27%	10.46%	65.27%	100.00%
英语社会科学期刊论文	回指语	59	50	203	312
		18.91%	16.03%	65.06%	100%
英语自然科学期刊论文	回指语	46	29	148	223
		20.63%	13.00%	66.37%	100.00%

（续表）

名词回指关系		句法位置			总计
		主语	宾语	领属语	
汉语社会科学期刊论文	回指语	55	51	151	257
		21.40%	19.84%	58.76%	100.00%
汉语自然科学期刊论文	回指语	46	27	166	239
		19.27%	11.28%	69.45%	100.00%

5.5 期刊论文关键名词回指语分布特征和英汉差异

5.5.1 期刊论文关键名词回指语语篇分布特征

本章5.2至5.4小节详细分析了关键名词不同形式回指语分布的语篇环境，这些分布情况和作为参考语料的故事语篇中的主要人物对应的回指形式分布情况有明显差异。在故事语篇中，零形和代词回指语主要分布在较近的线性距离位置，而名词回指语主要分布在较远的线性距离位置。且无论是零形、代词还是名词回指形式，其对应先行语和回指语都倾向于分布在主语位置。特别是名词回指关系中，先行语和回指语也都倾向于分布在主语位置，这和关键名词的名词回指关系中先行语/回指语的分布情况有很大差异。

综合本章5.1至5.4小节所分析的期刊论文关键名词分布情况，我们认为关键名词回指语的分布特征主要表现为：①从整体分布趋势来看，关键名词回指语倾向于选择名词回指形式，零形和代词回指比例很小。②在语篇距离环境因素层面，英汉关键名词的零形和代词回指语主要分布在较近的线性距离和修辞结构距离语篇环境中。名词回指语在这两个层面的分布都很广泛，并且在线性距离和修辞结构距离层面也都主要分布在较近距离的语篇环境中。③在句法位置层面，零形回指语主要对应小句主语位置，代词回指语主要对应主语和领属语位置，而名词回指语主要分布在领属语位置。综合这三点分布特征，关键名词的名词回指语的分布情况和故事主要人物的名词回指语的分布情况差异最大。

5.5.2 英汉关键名词回指语语篇环境分布差异

本章在对关键名词回指语分布情况进行统计的过程中，除了分析回指语在期刊论文语篇和故事语篇中分布的差异性，也比较了回指语在英汉两种语篇中的分布情况。

　　从英汉关键名词回指语分布情况来看,英汉回指语分布情况整体趋同,但也有一些差异之处,主要表现在:①英语零形回指比例明显低于代词回指,汉语零形回指比例明显高于代词回指;②英语代词回指语分布在修辞结构距离为 2 的语篇环境中的比例高于汉语中的情况,而汉语零形回指分布在修辞结构距离为 2 的语篇环境中的比例高于英语中的情况。

　　此外,笔者也比较了回指语在社会科学和自然科学论文语篇中的分布情况,发现两者在几个层面都没有明显区别,即学科差异没有对回指语在学术语篇中的分布情况发生显著影响,因此就不再详细讨论了。

第 6 章

英汉期刊论文句子性回指的语篇环境

上一章主要分析了英汉学术期刊论文名词性回指关系中不同形式回指编码的分布情况,本章的关注点主要放在句子性回指关系中不同形式回指语的分布情况上。从语言形式视角来看,名词性回指和句子性回指的最大区别在于先行语部分。句子性回指关系中先行语的表现形式主要为小句、句子或者句群,其指称对象是概念、命题、事件和事实,也就是抽象实体。而在回指语部分,两者相似。上一章分析了名词性回指关系中的回指语,包括零形代词、代词和名词短语三种形式,而根据本书统计,句子性回指关系中的回指语主要分为代词和名词(名词短语)两种形式。本章重点分析英汉期刊论文语篇句子性回指中不同回指形式的分布情况,如果不加具体说明,下文所提及的代词回指语和名词回指语都是指句子性回指关系中的回指编码。

6.1 句子性回指总体分布情况

6.1.1 句子性回指数量和分布频率

本节首先总体介绍一下语料中句子性回指的整体数量和分布频率。本章分析的语料和上一章相同,都是从论文数据库中随机选取的学术期刊引言部分,英汉各 30 个语篇;作为参照的语料同样是 12 个故事语篇,英汉各 6 篇。根据统计结果,期刊论文语料中句子性回指语共 286 个,其中英语回指语 139 个,汉语回指语 147 个。英语语料共 25 667 个单词,汉语语料共 33 048 个汉字。因此在英语和汉语期刊论文语篇中,句子性回指的分布频率如表 6.1 所示。

表 6.1　英汉期刊论文中句子性回指分布频率

语料	句子性回指数量	总字/词数	频率(每 1000 英语单词/1500 汉字)①
英语期刊论文	139	25 667	5.416
汉语期刊论文	147	33 048	6.672

　　根据表 6.1 所提供的信息,在统计的英汉期刊论文语料中,英语句子性回指的分布频率为 5.416,而汉语句子性回指的分布频率为 6.672,汉语的分布频率略高于英语。

　　如果把语料来源进一步细分为社会科学语篇和自然科学语篇,句子性回指在不同类型语料中的分布频率则如表 6.2 所示。

表 6.2　英汉社会科学/自然科学期刊论文中句子性回指分布频率

语料	句子性回指数量	总字/词数	频率(每 1000 英语单词/1500 汉字)
英语社科期刊论文	86	14 404	5.971
英语自然期刊论文	53	11 263	4.706
汉语社科期刊论文	80	16 278	7.372
汉语自然期刊论文	67	16 770	5.993

　　在表 6.2 中,社会科学期刊论文语篇中句子性回指的分布频率略高于自然科学期刊论文中句子性回指的分布频率,英语和汉语语篇中均是如此。

　　根据表 6.1 和表 6.2 的统计信息,在几个不同来源的学术语篇语料中,句子性回指的分布频率存在一些差异,但这些差异表现并不显著,基本都在 1~2 个点之间。这说明在期刊论文学术语篇中,句子性回指的分布频率总体上比较接近。以下再来看一下英汉故事语篇中句子性回指的分布频率,并做个简单的对照。表 6.3 显示的是故事语篇中句子性回指的数量和分布信息。

　　如表 6.3 所示,故事语篇中,汉语句子性回指的分布频率略高于英语句子性回指的分布频率,但两者的差距并不大,也是在 1~2 个点之间。然而,如果综合考虑表 6.1 和表 6.3 中的信息,学术期刊论文语篇和故事语篇中句子性回指的分布频率差异比较明显,无论是英语还是汉语,期刊论文语篇中句子性回指的分布

---

① 英语的单词(word)和汉语的字不是 1∶1 的对应关系。我们参考王克非(2003)对英汉互译文本文字量对应比例考察的结果,采用 1∶1.5 的对应比例,即 1000 英语单词约等于 1500 汉字。

表 6.3　英汉故事语篇中句子性回指分布频率

语料	句子性回指数量	总字/词数	频率(每1000英语单词/1500汉字)
英语故事	18	11 254	1. 599
汉语故事	16	10 930	2. 198

频率都比故事语篇中的分布频率高出 4~5 个点。这足以说明不同体裁类型的语篇之间,句子性回指的分布频率存在明显差异。

6.1.2　不同形式回指语的分布情况

前文主要分析了英汉学术论文语篇中句子性回指的整体数量以及分布频率,本节进一步深入句子性回指内部,重点分析不同类型的回指语数量及比例。和名词性回指中的回指语相似,句子性回指关系的回指语也可以大致分为代词和名词短语两类,两者在学术论文语篇中均占一定的比例,具体情况如表 6.4 所示。

表 6.4　英汉期刊论文句子性回指中不同形式回指语的数量分布

	不同形式回指语		总计
	代词	名词	
英语期刊论文	37	102	139
	26. 62%	73. 38%	100. 00%
汉语期刊论文	57	90	147
	38. 76%	61. 24%	100. 00%

根据表 6.4 的数据信息,在期刊论文语篇句子性回指关系中,名词回指语占了多数,英语语篇中其所占比例为 73.38%,汉语语篇中其比例略低,但也高达 61.24%,两个数据均远超代词回指语所占的比例(26.62% 和 38.76%)。如果再根据学科来源把语料进一步细分,则分布比例如表 6.5 所示。

表 6.5　英汉社会/自然科学期刊论文句子性回指中不同形式回指语的数量分布

	不同形式回指语		总计
	代词	名词	
英语社会科学期刊论文	26	60	86
	30. 23%	69. 77%	100. 00%

（续表）

	不同形式回指语		总计
	代词	名词	
英语自然科学期刊论文	11	42	53
	20.75%	79.25%	100.00%
汉语社会科学期刊论文	31	49	80
	38.75%	61.25%	100%
汉语自然科学期刊论文	26	41	67
	38.81%	61.19%	100.00%

在表 6.5 的统计数据中，可以清楚地看到横向比较名词回指语的数量在任何一个语料中都占了绝对多数。代词和名词回指的数量比例和表 6.4 中显示的比例大致相当。而在故事语料中，显示的情况则完全相反。

如表 6.6 所示，在故事语篇中，代词回指语占了绝对多数，英语语篇中其比例高达 100.00%，而汉语语篇中其比例也占了 75.00%。相应的，名词回指语的比例则比较低。当然，这里需要说明一点，无论是英语还是汉语故事中，名词短语充当抽象名词回指语的情况比较少，但并非不存在。表 6.6 中英语名词回指语的比例为 0.00% 并不意味着在所有英语故事语篇中都不存在名词（或名词短语）回指句子性先行语，这个比例只是说明统计的语料中没有名词回指语。当然，总体来说，相比代词回指，故事语篇中用于回指句子性先行语的名词抽象回指语确实是少数。

表 6.6　英汉故事语篇句子性回指中不同形式回指语的数量分布

	不同形式回指语		总计
	代词	名词	
英语故事	18	0	18
	100.00%	0.00%	100.00%
汉语故事	12	4	16
	75.00%	25.00%	100.00%

综合比较表 6.4 和表 6.6，不难得出以下结论：在期刊论文语篇句子性回指关系中，名词回指语占了很大比例，代词回指语所占比例较小；相反，在故事语篇句子性回指关系中，代词回指语占了绝大多数，而名词回指语则是少数。这一结论说明，从句子性回指的回指编码形式选择角度看，期刊论文语篇中名词回指语

居多,这是不同于日常故事性叙述语篇的一个特点。

6.2 代词回指语的分布情况

6.1 小节主要从数量比例和分布频率角度分析了英汉学术论文语篇中的名词性回指。在回指编码选择方面,代词回指语所占比例较少。本小节主要关注这部分代词回指语在语篇环境层面的分布情况。根据本书的分析框架,影响回指语形式选择的语篇环境因素主要有三点:线性距离、修辞距离和句法位置,以下根据这三个影响因素依次对期刊论文语篇句子性回指中的代词回指语分布情况进行分析。

6.2.1 线性距离

本章语篇环境统计的方式和标准与第 5 章相同。根据统计结果,在回指句子性先行语时,代词回指语和先行语的线性语篇距离很近,基本上回指语和先行语位于同一句子内,或者位于前后相邻的两句。具体分布比例如表 6.7 所示。

表 6.7　句子性回指关系中线性距离(句子间隔)层面代词回指语分布情况

回指语		线性距离(句子间隔)				总计
		同句	邻句	同段	跨段	
英语期刊论文	代词	9	28	0	0	37
		24.32%	75.68%	0.00%	0.00%	100.00%
汉语期刊论文	代词	21	34	0	2	57
		36.84%	59.65%	0.00%	3.51%	100.00%

在句子性回指关系中,代词回指语在句子间隔线性距离层面的情况如表 6.7所示,回指语主要分布在"同句"或者"邻句"位置。此处需要特别说明一点,在句子性回指中,由于部分名词回指语和先行语的关系属于下指,即语篇中名词回指语位于先行语之前,所以把分类标准"前句"改为"邻句"。虽然语料中的代词回指语都位于先行语之后,但为了本章前后表述的一致性,表 6.7 也采用"邻句"这个分类标准。表 6.7 表明,英语期刊论文中,回指句子性先行语的指示代词主要位于"邻句"位置,其比例高达 75.68%,其次为"同句"位置,比例为 24.32%,具体实例如下。

1. ... [however there is relatively limited research on the topic], and

this may be attributed to... (附录:EH14)

2. [As such, our living society is becoming ever more dependent on cyberspace, a place in which cyberattacks and cyberwars are common.] This might occur high risks, as hackers could take-over medical equipment, automatic-driving cars and flight control, which might be even life threatening. (附录:EH1)

在例 1 中,代词"this"回指前一小句,先行语和回指语位于同一句子之内;在例 2 中,代词"This"回指前一个句子,回指语位于紧邻线性语的后一个句子内。无论回指语位于"同句"还是"邻句"位置,都表明回指语和先行语的线性距离很近。同样的情况也出现在汉语期刊论文语篇中,59.65%的代词回指语出现在"邻句"位置,36.84%的代词回指语出现在"同句"位置,具体实例如下。

3. 但是,[传统工业化道路下农村支持城市工业化的模式,并没有很好地解决非农产业吸纳和消化农业劳动力不充分的问题],这在一定程度上致使中国城镇化进程滞后于工业化进程。(附录:CH11)

4. [以集中教育资源和提高教育效率为目的的"撤点并校"政策,的确提升了少数重点学校的升学率和教育质量,但其他的村镇中小学因缺乏资源而教育质量低下,学生普遍学习成绩差对学习缺乏兴趣,教师对学生放任自流;这些学校的学生、家长和教师都感觉升学无望,以混日子的心态完成九年义务教育而后进入劳动力市场。]这意味着,教育领域和劳动力市场变化对农村家庭子女是否升高中的教育决策有部分负面影响而对城市家庭的教育决策没有负面影响……(附录:CH13)

在例 3 中,代词"这"回指同句中的前一小句,先行语和回指语位于同一句子内;而例句 4 中的代词"这"回指的部分是前文相邻的一个复杂长句。位于"同句"和"邻句"位置的汉语代词回指语占了 96.49%(36.84% 和 59.65%),仅有两例(3.51%)的汉语代词回指语位于"跨段"语篇位置,下例为其中一个具体实例。

5. [在执政理念的转变过程中,地方政府在环境规制的制定、实施和监督过程中是否依然存在"逐底竞争"的策略行为特征? 规制竞争下环境规制的治理效果是否会有所改变? 在经济发展与环境保护的两难境地中单纯考虑其中一个方面无助于问题的解决,因此,这些问题的回答需要从经济和环境协调性的角度予以统筹考虑。]

　　基于<u>此</u>,本书以能够同时反映经济发展和生态环境状况的"生态效率"作为衡量指标,在考虑地方政府竞争导致的各地环境规制的制定、实施和监督状况的条件下,验证环境规制对中国区域生态效率的影响。(附录:CH4)

　　在例5中,指示代词"此"回指的部分位于语篇中的上一个段落,先行语和回指语的间隔距离为"跨段",两者的线性距离较远。这样的情况在语料中属于个别现象,而且从句子间隔角度而言,例5中的先行语和回指语的距离较远。但从小句间隔标准来看,该例中的先行语和回指语距离较近,因为两者之间没有任何小句间隔。根据本书的统计,句子性回指关系中的所有回指先行语和回指语之间都没有小句间隔,两者距离非常近,具体信息见表6.8。

表6.8　句子性回指关系中线性距离(小句间隔)层面代词回指语分布情况

回指语		线性距离(小句间隔)				总计
		0	**1**	**2**	**3及3以上**	
英语期刊论文	代词	37	0	0	0	37
		100.00%	0.00%	0.00%	0.00%	100.00%
汉语期刊论文	代词	57	0	0	0	57
		100.00%	0.00%	0.00%	0.00%	100.00%

　　根据表6.8显示的分布信息,无论是在英语还是汉语期刊论文中,代词回指语全都位于紧邻先行语的小句内,先行语和回指语之间没有任何小句插入,两者的线性距离(小句间隔)非常近。前文例1至例5皆是如此,就不再多举例了。

　　综合表6.7和表6.8的数据以及相关分析可推论出:句子性回指关系中,英汉代词回指语都倾向于分布在和先行语较近的线性距离位置。在此基础上,笔者又按学科类型对语料进行了分析,统计结果(表6.9和表6.10)仍然显示这样的分布倾向。

表6.9　句子性回指关系中线性距离(句子间隔)层面的代词回指语分布情况(英汉社会/自然科学期刊论文)

回指语		线性距离(句子间隔)				总计
		同句	邻句	同段	跨段	
英语社会科学期刊论文	代词	5	21	0	0	26
		19.23%	80.77%	0%	0%	100%

（续表）

回指语		线性距离（句子间隔）				总计
		同句	邻句	同段	跨段	
英语自然科学期刊论文	代词	4	7	0	0	11
		36.36%	63.64%	0.00%	0.00%	100.00%
汉语社会科学期刊论文	代词	14	16	0	1	31
		43.75%	51.61%	0.00%	4.64%	100.00%
汉语自然科学期刊论文	代词	7	18	0	1	26
		26.92%	69.23%	0.00%	3.85%	100.00%

表 6.10　句子性回指关系中线性距离（小句间隔）层面的代词回指语分布情况（英汉社会/自然科学期刊论文）

回指语		线性距离（小句间隔）				总计
		0	1	2	3 及 3 以上	
英语社会科学期刊论文	代词	26	0	0	0	26
		100%	0%	0%	0%	100%
英语自然科学期刊论文	代词	11	0	0	0	11
		100.00%	0.00%	0.00%	0.00%	100.00%
汉语社会科学期刊论文	代词	31	0	0	0	31
		100.00%	0.00%	0.00%	0.00%	100.00%
汉语自然科学期刊论文	代词	26	0	0	0	26
		100.00%	0.00%	0.00%	0.00%	100.00%

　　按社会科学和自然科学的分类对期刊论文语料进一步细分后,统计结果显示的分布趋势和表 6.7 及表 6.8 显示的分布趋势相同。无论是在社会科学还是自然科学语篇中,回指语和句子性先行语的线性距离语篇都比较近,并且英语语篇和汉语语篇都显示这样的分布情况。表 6.7 和表 6.8 的统计数据进一步印证了前文的推论:期刊论文语篇中,代词回指语都倾向于分布在和句子性先行语较近的线性距离位置。

6.2.2　修辞结构距离

　　在句子性回指关系中,先行语和回指语之间不仅线性距离很近,修辞结构距离也很近。根据本书的统计结果,在修辞结构距离层面,代词回指语的分布情况具体如表 6.11 所示。

表 6.11　句子性回指关系中修辞结构距离层面代词回指语分布情况

回指语		修辞结构距离				总计
		1	2	3	4 个以上	
英语期刊论文	代词	33	4	0	0	37
		89.19%	10.81%	0.00%	0.00%	100.00%
汉语期刊论文	代词	54	1	0	2	57
		94.74%	1.75%	0.00%	3.51%	100.00%

在回指句子性先行语时,回指语所在的小句往往和先行语语段位于同一修辞结构层级,两者之间的修辞结构距离为 1。

6.　① [By empowering the judge to act in favor of the borrower, DARA may have corrected this imbalance.] ② Many British officials explicitly viewed this (and DARA more generally) as turning the clock back. (附录:EH15)

7.　① [另一方面,发展对外文化贸易是通过商业手段来实现中国文化的对外传播,] ② 这对中国其他产业形象的宣传发挥着重要作用。(附录: CH15)

在语言形式层面,句子性回指的对象是语篇中的某个语段,先行语段是一个整体,不论其是一个小句、句子还是超句子的复杂句群。因此先行语和回指语的修辞结构距离是整个先行语段和回指语所在小句之间的距离,至于先行语段中的修辞结构此处不予讨论。在例 6 和例 7 中,先行语段和回指语所在小句都位于同一修辞结构层级,其修辞结构如下:

两个例句中,先行语段和回指语所在小句之间的修辞结构关系比较简单,先行语和回指之间的修辞结构距离均为 1。这样的情况在英汉期刊论文语篇中占了很大比例,根据表 6.11,89.19% 的英语回指代词、94.74% 的汉语回指代词和句子性先行语的修辞结构距离都为 1。在语料中,仅有零星几个例外。

8. ①[The most important provision of DARA allowed judges to go "behind the bond", i. e. , to investigate the history of transactions and award the creditor less than the amount to which he was formally entitled on paper.] ②This could reduce the amount of payment and ③delay payment to the creditor. （附录:EH15）

在例 8 中,"this"回指前一个句子,回指语"this"和其同一句子内的另一个小句构成更为紧密的并列关系,其修辞结构如图 6.1 所示。

小句②和③是两个并列小句,修辞关系最为紧密,位于同一修辞结构层级,而小句①和②之间相差一个层级,两者之间的修辞结构距离为 2。当然这个距离也属于较近的

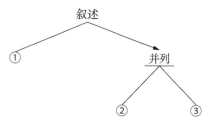

图 6.1　例 8 的并列修辞结构

修辞结构距离。在本书统计的语料中,只有一种情况下先行语和回指语修辞结构距离较远,即当回指语位于"跨段"位置,它和先行语位于两个不同段落,两者的修辞结构距离为 4,属于较远的距离,具体实例如前文中的例 5。

总之,在论文语篇句子性回指关系中,代词回指语和先行语段的修辞结构距离很近,两者大多位于同一修辞结构层级,或者仅相差一个层级。因此这些代词回指语主要分布在"1"的修辞结构距离位置,而且根据不同学科类型的语料进行统计,结果仍然是这样的分布趋势,如表 6.12 所示。

表 6.12　句子性回指关系中修辞结构距离层面代词回指语分布情况(英汉社会/自然科学期刊论文)

回指语		修辞结构距离				总计
		1	**2**	**3**	**4及4以上**	
英语社会科学期刊论文	代词	22	4	0	0	26
		84. 61%	15. 39%	0. 00%	0. 00%	100. 00%
英语自然科学期刊论文	代词	11	0	0	0	11
		100. 00%	0. 00%	0. 00%	0. 00%	100. 00%
汉语社会科学期刊论文	代词	29	1	0	1	31
		93. 56%	3. 22%	0. 00%	3. 22%	100. 00%
汉语自然科学期刊论文	代词	25	0	0	1	26
		96. 15%	0. 00%	0. 00%	3. 85%	100. 00%

很明显,在语篇修辞结构距离层面,回指句子的代词回指语在社会科学和自然科学期刊论文中的分布趋势基本一致,学科类型没有显著影响代词回指语的分布情况。

6.2.3 句法位置

前文分析了语篇线性距离和修辞结构距离层面的代词回指语的分布情况,本小节重点分析代词回指语在句法位置层面的分布趋势。关于句子性回指关系的句法位置,需要说明一点:由于句子性回指关系中先行语自身就是一个语段,而不是小句中的句法成分,因此本节的分析只统计句子性回指关系中回指语的句法位置。在本书收集的期刊论文语料中,代词回指语基本分布在主语和宾语位置,具体情况如表 6.13 所示。

表 6.13　句子性回指关系中句法位置层面的代词回指语分布情况

代词回指		句法位置			总计
		主语	宾语	领属语	
英语期刊论文	回指语	27	9	1	37
		72.97%	24.32%	2.71%	100.00%
汉语期刊论文	回指语	20	37	0	57
		35.09%	64.91%	0.00%	100.00%

根据表 6.13 的统计信息,在期刊论文语篇中,回指语段的代词基本分布在主语或者宾语位置。

9. [Currently in many dairy herd situations, milk production can appear to be temporarily increased by over-feeding grain because dietary requirements of energy and fiber are not easily met for the high yielding dairy cows.] This is especially true for early lactation cows because their energy expenditure exceeds the energy consumed. (附录:ES8)

10. Bennett 等人的理论表明,[通过对不理想纠缠对纯化可以获得高质量纠缠对。]基于此可以实现高品质的量子态隐形传输。(附录:CS7)

11. [Afghanistan's economy furthermore is palpitating in the wake of the withdrawal of international forces and funding and the rise of insecurity.] One indication of this is the streams of educated and resourceful youth leaving the country in search of a better life. (附录:EH11)

　　例 9 中,回指代词"This"位于小句中主语位置,这样的情况在英语语篇中占了 72.97%,其余英语代词回指语主要分布在宾语位置,占了 24.32%。在例 10 中,代词"此"回指前句中的一个小句,而该回指语在自身所在小句中分布在宾语位置。汉语语篇中 64.91% 的代词回指语位于宾语位置,其余的代词回指语位于主语位置。总体而言,在句子性回指关系中,代词回指语主要分布在主语或宾语位置,只有极个别情况下分布在领属语位置,如例 11 所示,回指语"this"是名词短语"one indication of this"的一部分,充当领属语。当然,在表 6.13 中,英语代词回指语和汉语代词回指语的分布还是略有区别,表现为英语代词回指语更倾向于分布在主语位置,而汉语代词回指语更倾向于分布在宾语位置。

　　和之前在线性距离和修辞结构距离层面分析时的情况一致,本书也从学科分类的角度统计了代词回指语在句法位置层面的分布情况,如表 6.14 所示。

表 6.14　句子性回指关系中句法位置层面代词回指语分布情况(英汉社会/自然科学期刊论文)

代词回指		句法位置			总计
		主语	宾语	领属语	
英语社会科学期刊论文	回指语	17	8	1	26
		65.38%	30.77%	3.85%	100%
英语自然科学期刊论文	回指语	10	1	0	11
		90.91%	9.09%	0.00%	100.00%
汉语社会科学期刊论文	回指语	9	22	0	31
		29.03%	70.97%	0.00%	100.00%
汉语自然科学期刊论文	回指语	11	15	0	26
		42.31%	57.69%	0.00%	100.00%

　　根据表 6.14 显示的统计结果,在英语社会科学期刊论文中,代词回指语主要分布在主语位置,其次分布在宾语位置;英语自然科学期刊论文中也呈现这样的分布情况。而汉语社会科学期刊论文语篇中,代词回指语主要分布在宾语位置,其次是主语位置;汉语自然科学语篇中的分布趋势也是如此。所以,学科类别没有显著改变代词回指语在句法位置层面的趋势。

6.3　名词回指语的分布情况

　　根据前文对期刊论文语篇名词性回指关系中所有回指语数量的统计,名词回指语数量居多,所占比例较高。这些名词回指语在语篇线性距离、修辞结构距离以及句法位置三个层面的分布情况如何,是本节主要讨论的问题。

6.3.1　线性距离

从句子间隔距离角度考量,名词回指语主要分布在距离较近的语篇位置,而少部分回指语位于距离较远的位置。具体的分布比例如表 6.15 所示。

表 6.15　句子性回指中线性距离(句子间隔)层面名词回指语分布情况

回指语		线性距离(句子间隔)				总计
		同句	邻句	同段	跨段	
英语期刊论文	名词	10	80	0	12	102
		9.80%	78.43%	0.00%	11.77%	100.00%
汉语期刊论文	名词	37	48	0	5	90
		41.11%	53.33%	0.00%	5.56%	100.00%

在英语和汉语期刊论文中,最大比例的名词回指语均位于"邻句"位置,其中英语名词回指语所占比例高达 78.43%,汉语名词回指语比例略低,具体为 53.33%,两者都超过了自身对应语料中回指语总数量的一半。

12. ［In the early 19th century, the British introduced fundamental changes in law and property rights in western India, making it easier for creditors to recover their money in the event of default by borrowers.］ These changes expanded credit markets and led to some economic growth. (附录:EH15)

13. 尽管学术界和教育管理部门已经认识到这一点,［但围绕重点学校制度和教育不平等之间关系的讨论更多是停留在理论观点讨论的层面,使用全国代表性数据进行的实证研究并不多见。］本书旨在填补这一空白。(附录:CH13)

在例 12 中,"These changes"回指前一个句子,例 13 中,"这一空白"回指前一句中的两个小句,这两个名词短语回指部分都位于其所在句子的前一句,所以回指语位于先行语的"邻句"位置。较近的句子间隔距离位置除了"邻句"还有"同句"位置,部分英汉名词回指语就分布在这个语篇位置,比如以下两例。

14. For example, Faccio (2006) examined data on listed companies in 47 countries and found that [some firms were politically connected in 35 of those countries], and that <u>these political connections</u> added to firm values, especially in countries with weak political institutions. (附录: EH13)

15. 另一方面,等离子体产生的活性粒子在多物理场作用下传质进入到水溶液中,[并与水分子、有机溶质(通常是碳氢化合物 RH)、无机溶质(O_2、N_2 等)、悬浮物等发生复杂的化学反应],<u>这些反应</u>包括光电离、离子转移、潘宁电离、水解、电解等。(附录:CS8)

如例 14 和例 15 所显示的那样,名词短语"these political connections"和"这些反应"的回指对象都是同句前文中的某个小句,名词回指语位于"同句"位置。类似的情况在英语论文语篇中占了 9.80%,在汉语语篇中占了 41.76%。根据句子间隔距离分类标准,位于"同句"和"邻句"位置的回指语和先行语之间的线性距离比较近,因此综合而言,英汉期刊论文语篇中大部分名词回指语和句子性先行语之间的句子间隔距离较近。

根据表 6.15,在句子间隔距离层面,也有小部分名词回指语分布在较远距离位置,确切说是"跨段"位置,而无论英语还是汉语论文语篇中,都没有名词回指语分布在"同段"位置。

16. [By rotating the cells at a sufficient speed, the cells can be maintained in a suspended state with the absence of large shear forces. Hence, the RCCS effectively randomizes the gravity vector before the cells have sufficient time to sense it resulting in a near free fall environment simulating, in some regard, the microgravity environment of space.]

<u>This system</u> like other rotating wall vessel bioreactors has been shown to give comparable results to experimentation in real microgravity. (附录: ES14)

17. [与在其他学科里基于社会建构主义观研究身份建构不同,在语用学领域开展身份建构研究……以致在很长一段时间内和相当大的范围内"身份理论"(identity theory)是一个宽泛的、无专指、无系统内容的说法,无法与特定的提出者或倡导者挂钩。]

在<u>这样</u>的背景下,笔者拟从语用学学科目标和特点出发……为本学科中相关研究的推进提供一些启发。(附录:CH9)

在例 16 和例 17 中,回指语都位于"跨段"位置。例 16 中的名词短语"This system"回指前一段落中的两个句子组成的语段,而例 17 中"这样的背景"所回指的语段就是语篇中的前一个段落。

从句子间隔距离角度分析,句子性回指关系中的一小部分名词回指位于较远距离的位置,但若从小句间隔距离角度分析,则全部名词回指语都位于较近距离位置。即使如例 16、17 所示,名词回指语位于"跨段"位置,其和先行语之间也没有小句间隔。论文语篇中小句间隔距离层面的名词回指语的分布情况如表 6.16 所示。

表 6.16 句子性回指关系中线性距离(小句间隔)层面的名词回指语分布情况

回指语		线性距离(小句间隔)				总计
		0	**1**	**2**	**3 及 3 以上**	
英语期刊论文	名词	102	0	0	0	102
		100.00%	0.00%	0.00%	0.00%	100.00%
汉语期刊论文	名词	88	2	0	0	90
		97.78%	2.22%	0.00%	0.00%	100.00%

很明显,在英汉句子性回指关系中,几乎所有的名词回指语所在小句和先行语之间都没有其他小句间隔。具体实例如例 12 至例 17 六个例句,每句中名词回指语和先行语的小句间隔距离都是"0"。综合表 6.15 和表 6.16 的统计数据,笔者认为在英汉期刊论文语篇句子性回指中,绝大部分名词回指语都位于较近的语篇线性距离位置。并且,不同学科类型的语料因素没有影响这种分布趋势(如表 6.17 和表 6.18 所示)。

表 6.17 句子性回指关系中线性距离(句子间隔)层面的名词回指语分布情况(英汉社会/自然科学期刊论文)

回指语		线性距离(句子间隔)				总计
		同句	邻句	同段	跨段	
英语社会科学期刊论文	名词	7	44	0	9	60
		11.67%	73.33%	0.00%	15.00%	100.00%
英语自然科学期刊论文	名词	3	36	0	3	42
		8.33%	84.52%	0.00%	7.15%	100.00%
汉语社会科学期刊论文	名词	21	26	0	2	50
		42.86%	53.06%	0.00%	4.08%	100.00%

（续表）

回指语		线性距离（句子间隔）				总计
		同句	邻句	同段	跨段	
汉语自然科学期刊论文	名词	16	22	0	3	41
		39.02%	53.66%	0.00%	7.32%	100.00%

表 6.18 句子性回指关系中线性距离（小句间隔）层面的名词回指语分布情况（英汉社会/自然科学期刊论文）

回指语		线性距离（小句间隔）				总计
		0	1	2	3 及 3 以上	
英语社会科学期刊论文	名词	60	0	0	0	60
		100.00%	0.00%	0.00%	0.00%	100.00%
英语自然科学期刊论文	名词	42	0	0	0	42
		100.00%	0.00%	0.00%	0.00%	100.00%
汉语社会科学期刊论文	名词	48	1	0	0	49
		97.96%	2.04%	0.00%	0.00%	100.00%
汉语自然科学期刊论文	名词	40	1	0	0	41
		97.56%	2.44%	0.00%	0.00%	100.00%

6.3.2 修辞结构距离

根据 6.3.1 小节的分析，英汉期刊论文语篇中名词回指语和句子性先行语之间的线性距离很近，两者基本上都位于相邻的位置。从修辞结构视角而言，名词回指语和先行语段之间的关系也比较简单，大部分情况下回指语所在小句在意义层面和先行语段关系最紧密，因而两者往往位于同一修辞结构层级，如表 6.19 和表 6.20 所示。

表 6.19 句子性回指关系中修辞结构距离层面的名词回指语分布情况

回指语		修辞结构距离				总计
		1	2	3	4 及 4 以上	
英语期刊论文	名词	81	9	0	12	102
		79.41%	8.82%	0.00%	11.77%	100.00%

（续表）

回指语		修辞结构距离				总计
		1	2	3	4及4以上	
汉语期刊论文	名词	79	6	0	5	90
		87.78%	6.67%	0.00%	5.55%	100.00%

表6.20 句子性回指关系中修辞结构距离层面的名词回指语分布情况（英汉社会/自然科学期刊论文）

回指语		修辞结构距离				总计
		1	2	3	4及4以上	
英语社会科学期刊论文	名词	49	2	0	9	60
		81.67%	3.33%	0.00%	15.00%	100%
英语自然科学期刊论文	名词	32	7	0	3	42
		76.19%	16.67%	0.00%	7.14%	100.00%
汉语社会科学期刊论文	名词	44	3	0	2	49
		89.79%	6.12%	0.00%	4.08%	100.00%
汉语自然科学期刊论文	名词	35	3	0	3	41
		85.36%	7.32%	0.00%	7.32%	100.00%

通过表6.19和表6.20所显示的统计信息,我们可以清楚地看到在英汉期刊论文语篇句子性回指关系中,大部分名词回指语都位于较近修辞结构距离位置（距离为"1"和"2"位置）,并且主要是位于距离为"1"的位置。在此语篇位置的英语名词回指语占了总数的79.41%,汉语名词回指语占了总数的87.78%。并且根据学科类型对语料进一步细分,统计分析的结果也是呈现这样的分布趋势。6.3.1小节例12至例17中,回指语和先行语的修辞结构距离都是"0",而例19和例20则是修辞结构距离为"4"的实例。以下则是语料中名词回指语分布在修辞结构距离为"1"位置的具体实例。

18. ①[Moreover, agonistic antibodies that bind the CD3 portion of the T cell receptor (TCR), and accessory molecule CD28 have been used to simulate the natural means of promoting T cell responses.] ②While this approach has liberated much information with regard to T cell protein and gene expression changes in real and simulated microgravity, ③there is little

data related to ④how T cells respond ⑤when stimulated by natural processes at work in the body.（附录：ES14）

19. ①[例如这种制度导致教育资源、生源和师资力量的分配严重不均破坏了正常的社会流动机制，成为阶层固化或加大社会两极分化的制度设置。]②尽管学术界和教育管理部门已经认识到这一点，③但围绕重点学校制度和教育不平等之间关系的讨论更多是停留在理论观点讨论的层面……（附录：CH13）

在例 18 中，小句②和③构成转折关系，小句④和⑤附属于小句③，不和②直接发生关系，不予讨论。①、②、③之间的修辞结构关系如图 6.2 所示。

①和②位于两个相邻层级，两者之间的修辞结构距离为"2"。例 19 中也是类似情况，小句②和③直接构成一个转折修辞结构

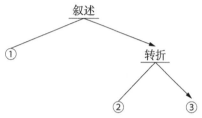

图 6.2　例 18 中的修辞结构关系

再和句①产生联系，①和③的修辞结构距离为"2"。当然，这样的情况在英汉期刊论文中属于少数，所占比例较小，具体参考表 6.19 和表 6.20。

6.3.3　句法位置

前文分析了影响回指语形式选择的两个语篇环境因素，本节主要分析名词回指语在最后一个环境因素层面的分布情况。根据语料所提供的信息，在英汉期刊论文语篇中，句子性回指关系中名词回指语主要分布在小句主语和宾语位置，仅有零星个例的名词回指语分布在领属语位置，以下是语料中的具体实例。

20. [The initial I2S‑LWR PCS design, which was based on a simple Rankine cycle, was able to achieve an efficiency of 33% (Memmott and Manera, 2015).] However, this value is on the lower end of the thermodynamic performance spectrum for current nuclear plants...（附录：ES12）

21. 当前为数不多的相关文献有如下特点：[多数文献没有细致地将文化贸易分为文化产品贸易与文化服务贸易两类进行对比分析，只是使用进出口差额以及国际市场占有率等简单指标来进行整体分析……]（附录：CH15）

22. [在执政理念的转变过程中，地方政府在环境规制的制定、实施和

监督过程中是否依然存在"逐底竞争"的策略行为特征？规制竞争下环境规制的治理效果是否会有所改变？]在经济发展与环境保护的两难境地中单纯考虑其中一个方面无助于问题的解决,因此,这些问题的回答需要从经济和环境协调性的角度予以统筹考虑。（附录:CH4）

在上述三例中,前两个例句中名词回指语位于小句主语和宾语位置。例21中,名词短语"this value"充当小句主语;例22中,名词短语"如下特点"充当小句宾语。这样的分布情况在实际语料中占了多数。而例23中名词回指语"这些问题"分布在领属语位置,不过这样的分布情况在语料中只占了很小比例,具体统计信息如表6.21和表6.22所示。

表 6.21　句子性回指关系中句法位置层面的名词回指语分布情况

名词回指		句法位置			总计
		主语	宾语	领属语	
英语期刊论文	回指语	43	58	1	102
		42.16%	56.86%	0.98%	100.00%
汉语期刊论文	回指语	31	57	2	90
		34.44%	63.33%	2.23%	100.00%

表6.22　句子性回指关系中句法位置层面的名词回指语分布情况（英汉社会/自然科学期刊论文）

名词回指		句法位置			总计
		主语	宾语	领属语	
英语社会科学期刊论文	回指语	26	33	1	60
		43.33%	55.00%	1.67%	100%
英语自然科学期刊论文	回指语	17	25	0	42
		40.48%	59.52%	0.00%	100.00%
汉语社会科学期刊论文	回指语	16	32	1	49
		32.65%	65.31%	2.04%	100.00%
汉语自然科学期刊论文	回指语	15	25	1	41
		36.59%	60.98%	2.43%	100.00%

显而易见,英汉期刊论文中,回指句子的名词回指语主要分布在主语和宾语位置,分布在宾语位置的名词回指语比例最高;并且,和本章前文的分析一样,不

同学科类型并没有对名词回指语在句法位置层面的分布产生显著影响。

6.4　句子性回指关系中回指形式分布特点及英汉对比

本章 6.1 至 6.3 三个小节分析了英汉期刊论文中句子性回指的不同回指编码在语篇环境因素方面的分布情况。总的来说,名词回指语数量比例高于代词回指语;而在语篇环境因素层面,两者的分布情况比较相似。在回指句子性先行语时,无论是代词回指语还是名词回指语,都分布在较近的线性距离位置和修辞结构距离位置,并且都倾向于分布在主语和宾语句法位置。

在 6.1 节中,作者通过比较期刊论文语篇和故事语篇句子性回指关系中的不同回指语形式数量比例,发现期刊论文中代词回指语和名词回指语的数量比例和故事语篇中的相应数量比例正好相反。而作为参照语料的英汉故事语篇中,在回指句子性先行语段时,代词和名词回指语倾向于分布在较近的线性距离位置和修辞结构距离位置,并且都分布在主语和宾语两个句法位置。这一分布倾向和 6.2、6.3 小节中总结的代词、名词回指语分布倾向相同。所以在语篇环境因素的三个层面,故事语篇句子性回指中的回指语分布情况和期刊论文语篇句子性回指中的回指语分布情况没有很大差异。

综合本章的分析,我们可以得出以下结论:在回指句子性先行语时,期刊论文语篇中的回指语和故事语篇中的回指语相比较,最大的差异在于回指形式的选择倾向性。期刊论文语篇作者更倾向于使用名词短语回指先行语段,而故事语篇更倾向于使用代词回指先行语段。至于为何存在这样的差异,回指语分布情况自身是无法给出答案的,笔者认为需要结合回指语在语篇中的语用功能来分析不同形式回指语选择倾向性的成因。

从英汉对比的视角来看,句子性回指关系中,英汉回指形式的语篇分布环境大致趋同:无论是英汉代词回指语还是名词回指语,都基本分布在较近的线性距离位置和修辞结构距离位置,且都主要分布在小句主语和宾语位置。因此就不再单列章节进行详细分析了。

第7章

英汉期刊论文回指语功能和实体特征

本书认为回指语形式的选择受多方面因素影响,第 5 章和第 6 章从语篇环境角度分析了期刊论文语篇中回指语的分布情况。总体而言,期刊论文中的回指语倾向于选择名词表达形式。本章重点分析期刊论文语篇内名词性回指和句子性回指关系中回指语的功能意义和实体特征,并结合上两章的分布情况探讨论文语篇中回指语编码倾向于选择名词形式的原因。当然,一个语言结构,无论是名词性回指还是句子性回指,既然被归纳为回指结构,那么它肯定承担了回指的核心提取功能,这点毋庸置疑。因此本章分析的主要是期刊论文语篇中回指语承担的非核心功能及其对回指语形式的影响。

7.1 英汉关键名词回指语的功能意义

本书讨论学术语篇中的回指分为名词性回指和句子性回指,本节先分析期刊论文名词性回指关系中的回指语功能,还是以关键名词回指语为具体分析对象。首先简单回顾一下论文语篇中关键名词回指语的分布特征。

7.1.1 英汉关键名词回指语的分布特征

第 5 章主要分析了英汉学术期刊论文中关键名词三种不同形式回指编码的分布情况,并与本书故事语篇主要人物回指的统计结果做了对比分析。对比结果表明,关键名词回指语的选择倾向和分布确实有其自身的特点,主要表现在:①关键名词回指语倾向于选择名词形式,零形回指和代词回指的比例很小,两者相加不过 20%左右,而名词回指形式所占的比例很大,将近 80%;②在线性距离层面和修辞结构距离层面,三种回指编码都倾向于分布在较近距离的语篇环境中,特别是名词回指语也是如此。这种分布趋势和故事语篇主要人物回指的分布情况相比有较大差异。以上两方面特征在英汉期刊论文中均有明显的体现，说明这是跨语言的共同特征。

笔者认为，关键名词回指语分布的两个主要特点是相互关联的，第二方面的特点是导致第一个特点的重要因素。根据第 5 章统计的分布情况，关键名词回指语和主要人物回指语的主要差异体现在名词回指语的选择倾向和分布情况中。简单来说，主要人物回指语并不倾向于使用名词回指形式，并且相关的名词回指语都分布在较远的线性距离和修辞结构距离环境中；在较近距离的语篇环境中，主要人物回指语都倾向于选择零形回指或代词回指形式。而在期刊论文中，关键名词的名词回指语的情况正好相反。名词回指语并不主要分布在较远的语篇距离环境中，相反，有很高比例的名词回指语倾向于分布在较近的语篇距离环境中，这就导致零形回指和代词回指的使用空间被压缩了。因此，可以认为关键名词回指分布特征导致了其回指形式选择倾向的特征。

当然，关键名词的名词回指语压缩了零形和代词回指语的使用空间这个观点是否符合语料中的实际情况，我们还是要通过对语料的统计来验证一下。表7.1 清楚地显示了在较近的线性距离语篇环境中，关键名词的名词回指语压缩了零形回指和代词回指语的使用空间。

表 7.1　较近线性距离语篇环境中不同回指形式的分布情况

语篇环境			回指语形式			总计
			零代词	代词	名词	
英语	语篇距离	同句	27	38	99	164
			16.46%	23.17%	60.37%	100.00%
		前句	1	22	235	258
			0.39%	8.53%	91.08%	100.00%
	小句间隔	0	28	55	219	302
			9.27%	18.21%	72.52%	100.00%
		1	0	5	128	133
			0.00%	3.76%	96.24%	100.00%
汉语	语篇距离	同句	122	22	149	293
			41.64%	7.51%	50.85%	100.00%
		前句	3	12	209	224
			1.34%	5.36%	93.30%	100.00%

（续表）

语篇环境		回指语形式			总计
		零代词	代词	名词	
汉语	小句间隔 0	125	32	287	444
		28.15%	7.21%	64.64%	100.00%
	1	0	2	96	98
		0.00%	2.04%	97.96%	100.00%

很明显,从表7.1我们可以看到,在较近线性距离语篇环境中,名词回指形式占了绝大部分,而根据回指形式选择倾向模型,较近线性距离环境主要适用于零形和代词回指。然而,语料中的实际分布情况却不符合理论假设。名词回指分布范围广泛,并且在较近线性距离环境中也占据了多数,这就使得零形和代词回指在学术语篇中合适的使用环境被挤压了。最后结果就是关键名词零形和代词回指的比例很小,名词回指形式的比例很大,导致关键名词回指倾向于使用名词形式这个特征。

当然,在修辞结构距离层面,名词回指语也大量分布在较近距离环境中。根据笔者的观察,其分布趋势和线性距离层面的分布趋势类似,就不在此详细列举了。

因此,我们可以把关键名词回指语分布的两方面特征归结为一点,即关键名词的名词回指语压缩了零形和代词回指语的使用空间,因此以下部分重点在于分析这个特点的形成原因。

本书认为,语言形式和功能相互关联,相互影响,密不可分,并且从根本上形式是为功能服务的。所以我们拟从名词回指语的语篇功能角度来分析其分布特征的影响。

7.1.2　关键名词回指语核心功能与回指语形式

回指语的核心功能是提取先行对象的信息。根据认知语言学的观点,提取难度和回指编码之间存在着对应关系,回指编码反映原有信息的提取难度。根据 Ariel(1990)、Prince(1981)、Chafe(1987)、Gundel(1993)、Kibrik(1996,1999)、Tomlin(2007)等学者的观点及理论分析模型,提取难度和回指编码的关系可以表述为:先行信息提取难度越低,则回指编码倾向于简略形式(零形回指语或者代词回指语);反之,先行信息提取难度越高,则回指编码倾向于使用名词形式。

这一对应关系在一定程度上已经在第5章的统计分析中得到了论证。根据第5章对关键回指不同编码形式的分析,零形回指语和代词回指语都分布在较近的语篇距离环境中(包括线性距离和修辞结构距离),且较大比例分布在小句主语位置(详细数据请参考第 5 章)。根据本书的回指语选择制约因素分析模型,在上述语篇环境中的对象实体在认知层面激活度较高,提取比较简单,因此倾向于使用零形回指语或者代词回指语。而在另一方面,根据第 5 章的统计信息,在较远的语篇环境中以及小句领属语位置上分布的回指语基本上都是以名词形式进行编码(详细数据请参考第 5 章)。根据制约回指语选择的语篇环境因素,较远的语篇距离以及领属语位置对应语篇实体的认知激活度较低,提取比较困难,因此倾向于使用名词。

　　然而,需要特别指出的是,根据第 5 章的详细分析以及本章 7.1.1 的总结,期刊论文语篇中关键名词回指语分布的最大特征是名词回指语占了绝大多数,并且侵占了零形回指语和代词回指语的使用空间。具体而言,在很多较近的语篇距离环境中,作者仍然选用名词形式对回指对象进行编码。这部分名词回指语的语篇功能及其分布特征是本节后续部分要重点分析的问题。

7.1.3　关键名词同义回指语

　　在第 3 章回指语选择分析框架构建部分,笔者提出影响回指语形式的因素有四个大类,其中第二类影响因素是回指语功能。回指语作为一个语言符号,其功能意义往往是多重的。因此高卫东(2008:88)把回指功能区分为"与提取有关的功能意义"和"与提取无关的功能意义",前者是回指语的核心功能,后者是非核心功能。所谓与提取有关的功能,就是指回指关系中先行词对应的语篇实体在回指语位置上的重新激活,这是回指语的本质功能。7.1.2 部分分析了回指语提取功能及其在期刊论文语篇中的具体编码分布情况。

　　回指语在语篇中的功能具有多重性,除了承担提取先行对象信息这一核心功能之外,还会承担其他非核心功能,主要是"和新信息的传递有关"(高卫东2008:89)的功能。通过对语料的具体分析,本书认为在期刊论文语篇中,关键名词回指语的非核心功能确实都和"引入新信息"相关,并且主要有两种方式。本节先分析同义回指语这种方式。

　　同义回指指名词回指语和先行语在形式上不同,但是在语篇中两者所指对象一致,也就是说两个不同语言形式的名词短语指向语篇模型中的同一个实体(徐赳赳,2003:142)。从认知层面来看,在这个回指关系中,回指语不仅重复先行对象信息,并且还包含了先行词/原有语篇实体中没有的信息。回指语对应的语篇实体要根据新信息重新调整,这个过程类似于首次引入语篇实体,其认知激活度变得很低。因此,这种情况下,即使回指语分布在距离先行语很近的语篇环境中,仍然选择了名词形式。

在本书统计的语料中,论文语篇关键名词的名词回指语中有一部分就采用了同义回指语的形式,例如:

1. Hyperthermia (also known as thermotherapy) is generally regarded as a mean body temperature higher than normal. High body temperature is often caused by illness, such as fever or heat stroke. (附录:ES3)

2. 人工智能对科技、经济、社会的进步会有什么独特的贡献? 它的发展现状和趋势是什么? 机器能够全面超过人吗? (附录:CS13)

在例1中,回指对象是"Hyperthermia",先行词是"Hyperthermia",回指语是"High body temperature",回指语和先行词指向的对象一致,不过先行词用的是专业术语,而回指语用相对非专业的方式对所指对象进行了表述。该例中,第一句主要是对先行对象"Hyperthermia"进行解释,而第二句中的回指语"High body temperature"通过非专业的信息表述强化了第一句中的解释。

例2包括三个小句,回指对象是"人工智能"。在第一个小句中,先行语是"人工智能";第二个小句中,回指语采用了代词形式;而在第三个小句中,回指编码是名词形式"机器",和第一个小句中的先行语表述不一致。从语义角度而言,"机器"所指的范畴大于"人工智能",不过在例2的上下文语境中,第一句中的"人工智能"和第三句中的"机器"指向同一对象,这样的回指方式隐含的信息是"人工智能是机器的一种形式"。

根据上文两例分析,同义回指是一种特殊的名词回指结构。在这个回指结构中,出于引入新信息的目的,说话人使用不同于先行语的名词表达形式,但两者又确实回指同一对象。在认知层面上,回指语对应的语篇实体不仅是对原有先行实体的重复提及,而且因为新信息的加入,语篇实体认知状态会相应调整,导致其认知激活度比较低。因此,即使同义回指语位于较近的线性距离和修辞结构距离位置,充当小句主语,仍然倾向于选择名词编码形式。

综上所述,在学术语篇构建过程中,说话人有时候出于引入新信息的目的,会选择同义词的方式来进行回指。在这种特殊的回指结构中,由于信息的加入改变了语篇实体的认知状态,因此回指语一律采用名词形式编码。从语篇环境角度而言,回指语对应实体认知状态的激活度很高,在采用同义回指时回指语也编码为名词形式。

当然,这种回指结构在期刊论文语料中所占比例不是很高。在所有的期刊论文语料中,英语同义回指语为31个,只占了所有英语名词回指语的5.79%;汉语同义回指语为33个,只占了所有汉语名词回指语的6.65%。如果考虑到这些同义回指语的语篇环境,分布在较近线性距离语篇环境中的同义回指语数量更少,不足以充分解释大量名词回指语侵占了零形和代词回指语使用空间这个问题。因此下文继续分析其他承担了引入新信息的功能的名词回指语。

7.1.4　充当参照点的关键名词回指语

7.1.3 部分的分析说明了回指语功能的多重性可能对回指编码形式产生影响,无论其所处语篇环境如何,英汉期刊论文中关键名词同义回指语一律采用了名词编码。根据统计信息,较近线性距离语篇环境中的关键名词回指语中采用同义回指语形式的比例并不高,在期刊论文语篇大量的名词回指语中,还有很大一部也承担了引入新信息的功能。不过,这些名词回指语引入新信息的方式和同义回指语不同。从回指语自身形式而言,它们和先行语保持一致,并没有变化;然而从更大的语言单位角度来看,这些回指语成为了新的指称对象的一部分,是新的信息单位中的一个参照点。

回指语成为新的指称对象的一部分,主要有两种形式。一种是回指语之前添加了修饰说明成分,另一种是回指语成为另一个指称短语的组成部分。前一种情况如以下两例:

3. There is also a wealth of evidence indicating that <u>technological change</u> may be skill biased. Finally, the type of new technology matters:while <u>product-oriented technology adoption</u> is usually expected to have a positive effect on employment, <u>process oriented technology adoption</u> is expected to have adverse employment effects. (附录:EH8)

4. 利用国家统计局 2005 年 1%人口抽样调查数据,考察大学扩招政策实施以来<u>高等教育机会不平等</u>是否有所下降,其结果发现:<u>高等教育机会不平等</u>不但没有下降,而且<u>城乡之间</u>的<u>不平等</u>反而有所上升。(附录:CH5)

在例 3 中,先行语是"technological change(adoption)",后续两个回指语分别增加了修饰成分"product-oriented"和"process oriented"。在例 4 中,先行语是"高等教育机会不平等",回指语在"教育机会不平等"这个指称对象上又增加了一个修饰成分"城乡之间",缩小了指称范围。严格来说,在上述两例中,回指对象并不是一个全新的实体,而是原有对象范畴中的一部分。添加的修饰成分缩小了回指的所指范围,使语篇实体产生了一定程度的改变。

当然,例 3、例 4 的情况在语料中很少见,比同义回指语更少。在语料分析过程中,笔者发现很多关键名词的回指语自身所指对象没有变化,不过它们又成为另一个指称短语的组成部分。例如：

5. So we investigate the possibility that <u>DARA</u> contracted mortgage credit only temporarily by using different indicators to measure <u>the short-run and long-run impact of DARA</u>. （附录：EH15）

6. 该研究将<u>文化产品贸易</u>作为文化相似度的替代指标，使用最新的引力模型来研究这一问题，认为<u>文化产品贸易</u>的增加能够促进文化认同，从而提高双边贸易偏好，促进总体贸易。（附录：CH12）

在例 5 中，先行语是第二个小句中的"DARA"，其所指对象在后续的非谓语小句中再次出现。不过在后一小句中，"DARA"不是作为一个独立的实体出现在语篇中，而是作为新的指称短语"the short-run and long-run impact of DARA"的一部分。同样的情况出现在例 6 中，先行语是第一个小句中的"文化产品贸易"，对应的语篇实体在第三个小句中被重复提及了，不过回指的"文化产品贸易"不是一个独立实体，而是新的语篇实体"文化产品贸易的增加"的一部分。在这两个实例中，回指语对应的实体都在新的语篇实体中充当了一个认知参照点，是读者理解新信息的一个坐标。

综合上述 4 个实例，其回指语的特点在于回指语自身的表述形式没有发生改变（同义回指语自身表述形式发生了改变），而是通过添加修饰成分或者成为修饰成分的方式把新信息引入语篇。需要说明的是，例 3、例 4 的情况在语料中很少见，只占了名词回指语的很小比例；例 5 和例 6 的情况在语篇中很普遍。这种引入新信息的方式在语言层面表现为回指语位于领属语位置。第 5 章的统计结果表明期刊论文语篇中关键名词的名词回指语有很高比例分布在领属语位置，英语名词回指语中的 65.60% 分布在领属语位置，汉语名词回指语中的 63.91% 分布在领属语位置。下一节中，笔者拟从关键名词回指链对应的广义话题结构和信息功能角度详细分析引入新信息的功能如何导致论文语篇中的大量关键名词回指语分布在领属语位置。

7.1.5　关键名词回指链的广义话题结构和信息功能特征

笔者通过具体实例说明了学术语篇中关键名词的名词回指语除了核心提取功能外，还承担了引入新信息的重要功能。并且从统计数据来看，回指语引入新信息的一个主要方式是充当新引入语篇实体的修饰成分，在语言形式上对应领属语句法位置。本节主要从关键名词回指链的广义话题结构和信息功能特征两方面来详细分析期刊论文语篇信息结构对回指语功能以及最终回指语形式的影响。

语篇中的"链"是由 Halliday 和 Hasan（1980：49）在研究中发现并提出的。"在某个篇章中,某些具有相似特征的词汇项可以组成一个链。在某个篇章中,可以有不同的链。这些链的最重要的功能是构建联系性（cohesion）"（徐赳赳,2003：8）。语篇中的关键名词回指指向同一对象,在语篇中承担了构建前后联系的功能,可以组成关键名词回指链。"从性质上看,篇章回指链有不同的特点"（徐赳赳,2003：52）,因此,我们可以根据不同的特征角度对回指链进行分析。"英汉学术语篇作为一种特殊的篇章形式,具有独特的文体特征和表意规律"（杨新亮、王亚可,2015：1）。当然,学术语篇中的特征很多,不可能也没有必要一一列举。本节分析期刊论文中的关键名词回指语,因此先从广义话题结构分析期刊论文语篇中关键名词回指语链的特征。

7.1.5.1　关键名词回指链的广义话题结构特征

所谓广义话题,不是指系统功能语法分析中所用的话题概念。在系统功能语法中,"话题（topic）对应评述（comment）",类似于"主位对应述位",一个重要功能是用于分析语篇中的小句信息结构。而广义话题是从整个语篇表述的内容来定义的,简单来说,广义话题就是指语篇中"被谈论的对象"（宋柔,2013）。关键名词无疑是每个学术语篇中谈论的重点对象,相对应地,主要人物是故事语篇中谈论的重点对象,它们都是语篇中的一个至关重要的广义话题。因此,从广义话题链的视角来看,学术语篇中关键名词回指链和故事语篇中主要人物回指链都可以构成一个广义话题链。我们来看一下语篇中的具体实例:

　　　　7.（a）半强制分红政策→半强制分红政策……半强制分红政策→它……半强制分红政策

　　　　　　（b）一位伟大的女神→她→女娲→她……∅→∅→∅→……她→∅→∅→∅

例 7 中分别列举了一个关键名词回指链和故事主要人物回指链链,整个语篇中的回指链太长了,此处做了简化。在例 7 中,（a）、（b）两个回指链很相似,除了（a）中大部分回指是用名词表达,而（b）中大部分回指是用零形或代词表达。广义话题是指语篇谈论的对象。从这个角度考量,回指语位于领属语位置,充当了新指称对象的修饰成分,那么对应的广义话题事实上发生了改变,而不仅仅限于关键名词所指对象。所以,例 7 中的回指链对应的广义话题链具体内容如例 8 所示:

8. （a）半强制分红政策→半强制分红政策……半强制分红政策（的出
台）→半强制分红政策→半强制分红政策（的实施效果）……半强制分红政
策（所规定的最低分红水平）→半强制分红政策（是否有效的问题）……半
强制分红政策

（b）一位伟大的女神→她（的名字）→女娲……她→∅……∅→
∅→……她（智慧的大脑）……她→∅→∅→∅

例8中，回指链加上了关键名词句法位置的因素，从名词短语构成的角度来
看，有部分关键名词/主要人物回指语成为了新的名称短语的修饰部分。如果从
广义话题的角度看，这些关键名词/主要人物引出了新的广义话题。例8（a）中关
键名词对应的广义话题是"半强制分红政策"，在后续的语篇中，又变成了"半强
制分红政策的出台、半强制分红政策的实施效果、半强制分红政策所规定的最低
分红水平、半强制分红政策是否有效的问题"；例8（b）中主要人物对应的广义话题
是"女娲"，在后续语篇中，又变成了"女娲的名字、女娲智慧的大脑"。这种现象在
期刊论文语篇和传说故事语篇中都存在，但是两个不同类型语篇中这种情况出现
的概率是不同的。期刊论文语篇中关键名词位于领属语位置的比例远高于故事语
篇中主要人物回指语位于领属语的比例，这就说明关键名词回指链中出现新的广
义话题的比例远高于主要人物回指链中出现新的广义话题的比例。这就导致关键
名词回指链对应的广义话题结构不同于主要人物回指链对应的广义话题结构。

根据例7、例8的分析，说明关键名词回指链中广义话题会发生变化。期刊
论文语篇讨论的广义话题并不仅仅是关键名词广义话题，而且是关键名词相关
的广义话题，这些相关的广义话题不是散乱、毫无联系的，它们之间的关系非常
紧密。确切地说，这些相关广义话题都是由关键名词广义话题引发的，并围绕关
键名词广义话题展开。如果用示意图表示，可以简单描述为围绕着一个中心（关
键名词广义话题）展开的一组相互关联、个体之间又不完全相同的广义话题，如
图7.1所示。

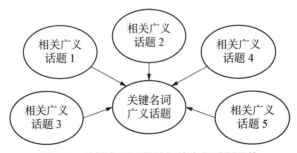

图7.1 关键名词回指链相关广义话题结构

而故事语篇中主要人物的回指语不太出现在领属语位置,这说明语篇中主要人物回指链中对应的广义话题一般不发生变化,其结构更倾向链式结构,用图可大致描述为:

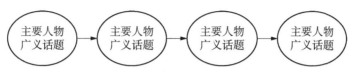

图 7.2　主要人物回指链相关广义话题结构

当然,需要特别说明的是,关键名词回指对应的广义话题并不是每个都发生变化。相应地,故事语篇中的主要人物回指语对应的广义话题也可能会有新变化。图 7.1 描述的是关键名词回指链对应话题结构的倾向性,图 7.2 描述的是主要人物回指链对应话题结构的倾向性,反映的是一种发生概率,而不是针对每个回指语的确定性描述。

行文至此,我们可以清楚地看到期刊论文中大量关键名词出现在领属语位置和关键名词回指链对应广义话题结构有密切关联。语言的形式为其表述的内容服务,而广义话题就是语篇说明的对象和讨论的内容。从这个视角来看,我们可以认为正是关键名词回指链对应的广义话题结构导致了大量关键名词出现在领属语位置。期刊论文中的关键名词虽然是最重要的讨论话题,但语篇并不仅仅讨论关键名词对应的广义话题,而是从多个关键名词相关的广义话题来展开语篇,这就导致关键名词相关广义经常发生变化,而把关键名词回指语放在领属语位置就是实现广义话题变化的一个有效手段。

7.1.5.2　关键名词回指链的信息功能特征

前文从广义话题结构视角分析了关键名词回指链,本小节主要从信息功能角度来分析关键名词回指链特征。从广义话题变化的角度来说,期刊论文语篇中关键名词回指链对应的广义话题经常发生变化。如果从信息的角度来看,就是关键名词回指链对应的信息发生了变化。

本书在构建回指语选择分析框架时已经指出,回指语在语篇中承担多重功能。作为一种语言符号,回指语的功能不仅限于激活语篇实体、提取原有信息,还承担着传递新信息的重要功能。从这个角度而言,关键名词回指链对应的信息链和主要人物回指链对应的信息链结构有很大不同。

还是以 8(a)为例,"半强制分红政策"表达的是语篇中的关键信息,在后续的语篇中,又出现了"半强制分红政策的出台、半强制分红政策的实施效果、半强制分红政策所规定的最低分红水平、半强制分红政策是否有效的问题"等名词短语,这些名词短语和关键名词表达的信息并不完全相同,而是在原有关键名词信息上又增加了一部分新信息。当然,关键名词本身的信息没有变化,但是其所在的领属语句法位置使其成为原有信息和新信息之间的一个重要关联。如果没有关键名词的信息,这些后续信息就过于抽象,很难理解其具体所指。从这个角度而言,关键名词回指语是新信息的一部分,承担了传递新信息的功能。而在故事语篇中,主要人物广义话题一般不发生变化。从信息传递的角度而言,主要人物回指语的功能主要在于回溯旧信息,而不是传递新信息。因此,在期刊论文中,关键名词回指语对应的广义话题经常发生变化,回指语除了承担"与提取有关的功能意义",在较大程度上还负有传递新信息的功能;而故事语篇中,主要人物回指语对应的广义话题一般不发生变化,回指语的主要功能还是集中在回指的核心功能——提取旧信息。关键名词回指语和主要人物回指语在信息传递方面的不同功能倾向可以用图 7.3 和图 7.4 来表示。

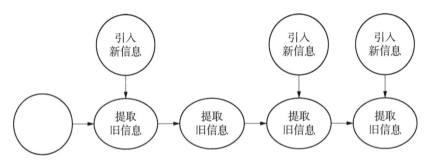

图 7.3　关键名词回指链信息功能

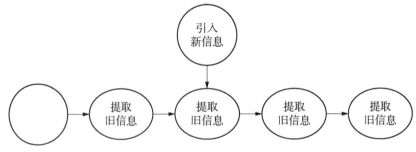

图 7.4　主要人物回指链信息功能

当然,需要强调的是,期刊论文和民间故事都不会只包含关键名词或者主要人物的信息,也有其他传递新信息的手段。本书的研究重点为关键名词回指,其他传递新信息的手段就不涉及了。本小节主要是从关键名词回指语和主要人物回指语的角度来分析语篇如何表达新的信息。从回指链的角度而言,关键名词传递信息的功能负担大于主要人物回指语传递新信息的功能负担。当然,故事主要人物回指语也会承担引入新信息的功能,只不过其概率偏低。图 7.3 和图 7.4 同样表达的是一种倾向性,而不是绝对性。信息也是语言表达的内容。根据本小节的分析,我们可以得出以下结论:从信息功能的角度来看,关键名词回指语除了提取原有旧信息,在较大程度上还负有传递新信息的功能,而选择领属语的句法位置是实现这个信息功能的有效语言手段。

事实上,广义话题也是一种信息,广义话题结构可以看成一种信息结构。因此综合 7.1.5 的分析来看,我们可以推导出这样一条因果链:学术语篇关键名词对应的(广义话题)信息结构以及关键名词传递新信息的功能导致关键名词回指语倾向于分布在领属语位置,而领属语的句法位置降低了语篇实体的认知激活度,特别是较近线性距离环境中语篇实体的认知激活度,这又导致该环境中的语篇实体倾向于用名词形式表达,压制了零形和代词回指的使用空间(具体数据请参考表 7.2)。这个分布特征导致期刊论文语篇关键名词回指语整体分布呈现出零形回指语和代词回指语比例很小而名词回指语比例很大的特点。并且这个特点具有语篇共性,在英汉语篇中都能得到验证。

表 7.2　较近线性距离语篇环境中关键名词/主要人物回指语的句法位置分布

	回指形式	先行词和回指语均在主语位置	先行词和回指语有一方在宾语位置	先行词和回指语有一方在领属语位置	总计
关键名词	零形	138	2	13	153
		90.20%	1.31%	8.49%	100.00%
	代词	38	7	47	92
		41.31%	7.61%	51.08%	100.00%
	名词	44	66	495	605
		7.27%	10.91%	81.82%	100.00%
主要人物	零形	225	2	12	239
		94.14%	0.84%	5.02%	100.00%
	代词	186	47	62	295
		63.05%	15.93%	21.02%	100.00%
	名词	13	18	12	43
		30.23%	41.86%	27.91%	100.00%

7.2 句子性回指关系中回指语的功能意义

7.1 的分析说明学术语篇中的关键名词回指语,特别是其中的名词形式回指语除了提取功能,还承担了引入新信息的功能。功能的多重性影响了语篇实体的认知状态,最终导致名词形式的回指语在三种具体实体回指语中占了绝对多数。在第 6 章的分析中,统计结果显示在句子性回指关系中,仍然是名词形式回指语占了多数。并且代词回指语和名词回指语所分布的语篇环境差别不大,仅从语篇环境角度来看不能充分解释代词回指语和名词回指语的选择差异。因此,本节拟从回指语的功能视角分析论文语篇句子性回指关系中的回指语选择倾向性。

7.2.1 回指语的提取功能

在句子性回指关系中,回指对象是命题一类的抽象实体。而无论是回指具体实体还是抽象实体,既然是回指语,那么自然它们的核心功能是提取功能。根据第 6 章的统计信息,句子性回指关系中回指语的主要形式为代词和名词短语。无论是代词回指语还是名词回指语,其核心功能都是提取先行信息。

9. [We adopt Van Leeuwen's (2007) framework for analyzing discourses of legitimation (hereafter referred to as legitimization), but consider the framework from an inversed 'negative' position—as delegitimization.] This is not to say that delegitimization cannot be achieved through the application of legitimization strategies in the regular, non-inverted sense, as it certainly can. (附录:EH2)

10. [高等教育机会不平等不但没有下降,城乡之间的不平等反而有所上升]这一结果在当时引起了一些争议,令笔者进一步深思。(附录:CH5)

在上述两个例子中,例 9 中的代词"This"和例 10 中的名词短语"这一结果"都标示该语篇位置是对前一句子信息的重复提及。从这个角度而言,"This"和"这一结果"的功能是相同的。并且两例中回指语所处的语篇环境基本相同,那么作者为何对回指语形式有不同的选择? 笔者认为我们应该从名词回指语的其他语用功能角度对其展开分析。

7.2.2 评价性概括功能

参考外壳名词和抽象实体回指的研究,我们认为从信息功能视角而言,名词回指语还具有如下两项重要的语用功能：评价性概括功能和预设信息功能。本小节先分析前一个功能。

概括功能指名词回指具有高度概括先行对象信息的功能。Cornish(1986)认为回指语和先行语相比，除了拼写与发音较简单外，还是先行语语义上衰减（attenuated）的表达式。我们在分析论文语篇具体实体回指语时，发现很多情况并不符合 Cornish 的这一判断，大量名词回指语在语义上并未衰减，相反，很多情况下名词回指语的表达增加了新的语义信息。不过在分析句子性回指关系的回指形式时，笔者发现 Cornish 指出的语义衰减特征表现得非常明显。

句子性回指中的回指对象都是抽象实体。在这类回指关系中，用于阐述事件、命题、概念的先行语表达形式一般为以小句为基础的特定语段，而回指语是单词或者短语，因此具有极强的概括性。无论先行语有多长，结构如何复杂，其所有信息都浓缩概括在回指语中。

需要说明的是，本书所指的总结概括主要针对名词回指语而言。理论上而言，代词回指语也是对先行语的一种概括；如果从语言形式而言，"this""这"一类的代词回指语概括性最强。不过代词回指语的语义信息过于空泛，其功能主要是标示语篇某个位置是对之前语段的概括重复，这一点和提取功能重合了。而本节强调的总结概括功能主要指名词回指语使用相对简略的信息表达对先行信息进行总结，而不是把先行信息概括到极度空泛的程度。这种总结概括以客观的先行对象信息为基础，但一定程度又带有作者的主观性。因此，笔者把这种功能称为评价性概括功能。具体实例如下：

11. Anecdotal evidence from various countries around the world today indicates that [firms with political connections can obtain benefits such as preferential treatment for government procurement, easier access to public funds, and tax exemptions, among others.] Motivated by these observations, a number of studies in the fields of political science and economics have addressed the issue of firms' political connections. （附录：EH13）

12. [这说明进入水溶液的 O 自由基在深度仅为 6.7 μm 的位置就消耗殆尽。]虽然这一估计忽略了界面湍动等物理过程对传质的加速作用……（附录：CS8）

在例 11 中，先行对象表述的大致信息是拥有政治关系的企业能在和政府相关的领域获取收益，回指语将其概括为"观察所得"（observations）；例 12 中，先行对象内容是关于水溶液中 O 自由基的消耗，回指语将其概括为"估计"。这两个回指语的概括表述都带有作者的主观性。如果从其他视角进行概括,例 11 中的回指语也可以用"findings""facts"等,例 12 的先行对象也可以概括为"测算""观察"等。因此名词回指语对先行对象的概括具有一定的主观评价功能,这种功能在回指语带有表明作者态度的修饰成分时特别明显,比如:

13. [Working memory (WM) is a construct used to describe the behavioral system that allows humans to temporarily store information (e. g., Baddeley, 2012). Perhaps due to its integral role in everyday life, or its flexibility to describe a diverse set of behavioral phenomenon (e. g., change-detection (Luck & Vogel, 1997), list memory (Rosen & Engle, 1998), prospective memory (Marsh & Hicks, 1998), and Stroop interference (Kane & Engle, 2003)), WM has been one of the more widely studied constructs in the area of cognitive psychology. Additionally, deficits within WM have reli-ably characterized behavioral disorders, ranging from attention deficit disorder (ADD), learning disabilities, and autism (Gathercole & Alloway, 2006).] Despite these robust findings, no meta-analysis to our knowledge has demonstrated the neural network subserving one of the most widely used procedures in the working memory literature: the delayed match-to-sample (DMTS) task. (附录:ES1)

14. 改革开放后,我国的经济发展和对外贸易取得了举世瞩目的成就。[2010 年起,中国的名义 GDP 高居全球第二,仅次于美国;2013 年,中国货物贸易总额跃居全球第一。](附录:CH12)

例 13 中,回指语是对"工作记忆"相关研究的总结概括,作者使用了"findings"一词,并用修饰语"robust"表明其正面肯定的态度。同样地,例 14 中,作者用"成就"概括中国对外贸易的发展情况,而修饰词"举世瞩目的"则鲜明地表达了作者的褒赞之意。

相比代词回指语,名词回指语在对前文事件、命题、概念等信息标示提取的同时,还对其进行评价性概念,这种概括能帮助读者对语篇进行理解。而且作者可以通过添加修饰语的方式表明其相关的态度立场,进而对读者施加影响。

7.2.3　预设信息功能

名词回指语除了概括先行信息,还能预设后续信息。这就涉及一类特殊的回指语——下指语。一般而言,语篇回指语位于先行语之后,是对先行对象的重复。但有一类特殊的回指语,其语篇位置在重复对象之前,称为下指语。从表面结构而言,下指语位于先行语之前,和回指语截然相反;但是在认知层面,下指语的理解依赖先行语的信息,这和回指语是一致的。因此,下指关系被称为"逆回指"(许余龙,2007;高军,2010),是一类特殊的回指关系。

在普通回指关系中,回指语是对先行对象信息的重复提及,而下指关系中的下指语也是提及对象信息。不过考虑到双方在语篇中的位置,下指语不是重复先行对象信息,而是对后续信息的预设,本书将其概括为预设信息功能。具体实例如下:

15. DARA is an important case study for <u>three reasons</u>. [First, DARA was the first major policy designed to better regulate credit markets in colonial India. It heavily influenced similar laws passed in other parts of India in the 20th century. Indeed, specific provisions of DARA, and certainly its spirit, have survived into 21st century India (Swamy, 2016). Second, there is an abundance of qualitative evidence on DARA allowing us to piece together the history leading up to the legislation and contemporary discussion on its impact. Third and finally, we have put together a detailed district-level dataset for twenty years straddling the legislation that allows us to evaluate the impact of DARA on credit market and agricultural outcomes.](附录:EH15)

16. 改革开放以来,中国的教育呈现<u>两个相互矛盾的发展态势</u>。[一方面,中国的教育事业取得了巨大的成就。资料显示,截至 2010 年底,九年义务教育在全国人口覆盖率达到 100%;高中阶段毛入学率达到 82.5%;高等教育开始步入大众化阶段,全国各类高等教育总规模已达 3 105 万人,毛入学率达到 26.5%(中国教育部,2011)。而另一方面,在教育急速扩张的同时,教育公平问题似乎并没有得到有效的改善,甚至呈现加剧的趋势(杨东平,2006;李春玲,2010)。](附录:CH13)

在例 15 中,第一个句子中的"三个原因"(three reasons)是对该语段后续内容的概括,不过这种概括不是总结性的,而是预设性的。作者使用"three reasons"提前概括了后续语篇的信息。同理,在例 16 中,"两个相互矛盾的发展态势"是对后续语篇内容的预设性概括,通过此下指语,作者提醒读者后续语篇的相关信息。

上述两个例子说明名词下指语可以承担预设信息的功能,提前标示语篇中后续内容的信息概要。并且通过对语料中所有句子性回指的统计分析,我们发现期刊论文语篇中主要是名词回指语以下指语的形式承担了这个功能。期刊论文语料中共 76 个名词下指语,占了名词回指语(共 193 个)的 39.38%。相对而言,代词回指语中没有发现使用了下指形式,而在故事语篇语料中也没有发现下指形式的句子性回指。当然,由于语料数量有限,我们并不排除代词回指语和故事语篇中的回指语采用下指语形式的可能性。不过,现有语料说明,在期刊论文语篇内,句子性回指关系中的名词回指语采用下指语形式的可能性比较高,原因主要在于这种特殊的回指形式能实现预设信息功能。

此外,通过 15、16 两例的分析,我们可以看到,名词回指语的预设信息功能和评价性概括功能是相互交织的。学术语篇专业性强,信息理解难度较高,通过下指语的方式对后文信息概括预设,能帮助读者理解。比如,例 15 中,通过"three reasons"所预设的信息,读者在阅读第一句后就了解了后续语篇是围绕着DARA 研究的重要性的原因展开的;而例 16 中,"两个相互矛盾的发展态势"预设了后文内容是关于中国教育的发展情况,并且作者还添加了关于教育发展态势的评价性修饰"相互矛盾的"。相对而言,代词回指语主要标示对先行语信息的提取,但代词本身信息过于空泛,不太适合对后续语篇信息进行预设概括。而故事语篇信息比较贴近生活,理解难度较低,因此语篇中通过预设信息的方式帮助读者理解的需求没有学术语篇中的需求高。所以在语料实例中,预设信息功能主要体现在期刊论文语篇的句子性回指中的名词回指语使用上。

综合 7.2.2 以及 7.2.3 的分析,句子性回指关系中,名词回指语承担了重要的信息功能。除了核心的回指提取功能之外,名词回指语一般还能对先行信息进行评价性概括,表明作者的立场和观点。当名词回指语采用下指形式的时候,它们还具有了预设信息的功能。学术论文专业性很强,表述的信息理解难度较大。通过名词回指语,作者可以对一定的语段信息进行总结、概括、评价、预设,以降低读者的阅读难度,同时也能够表达作者的立场观点。所以,在英汉期刊论文语篇中,句子性回指的名词回指编码占了很高比例。

7.3 期刊论文回指语的实体特征

根据回指形式选择多因素模型,回指语对应的语篇实体特征也是影响回指形式选择的一个重要制约因素。而且相比较语篇环境和语用功能,语篇实体状态相对稳定,其分类也比较简单。本节我们简要分析一下期刊论文语篇中名词性回指和句子性回指的回指语实体特征及其对回指语形式的影响。

7.3.1　关键名词回指语的生命度特征

我们还是以关键名词回指语为代表分析语篇中名词性回指的回指编码,并辅以故事语篇主要人物回指语为参照。关键名词在学术语篇中是最重要的语篇角色,对应故事语篇中的主要人物。关键名词回指语和主要人物回指语在语篇角色层面的特征相似,没有表现出很大差异,因此本节主要分析关键名词回指语的生命度特征。

学术语篇中的部分指称所指对象比较抽象,当然,这些指称对象的抽象程度还是有所不同。莱昂斯(Lyons,1977:442－446)在《语义学Ⅱ》中将客观世界分为三级实体。第一级实体(first-order entities)指存在于一定时间、空间的有形实体;第二级实体(second-order entities)指事件、过程、状态等在一定时空中发生,而不是存在的实体;第三级实体(third-order entities)指命题、言语行为等超越了时空的抽象实体。关键名词所指对象大多是现实世界中具体存在的事物,因此属于第一级实体,相对于"空壳名词"一类的抽象实体而言,关键名词所指对象的抽象程度没有那么高。然而,笔者认为,即使同属于第一级实体,关键名词和主要人物还是有所区别,主要是两者对应的生命度高低程度明显不同。

在语言学领域,生命度是名词的一个固有属性,判断名词短语是否有灵(animate),可以依据该名词所指对象是否能自主地行动或者引发事件来判断。简单来说,可以用表达"意愿"的词来检验名词短语是否有灵(吉洁,2015),例如:

17. (a) 河水涨了上来。

(b) *河水(故意地)涨了上来。

显然,一般认为(b)句的表述不符合表达习惯,而我们觉得这种表达别扭的一个重要原因在于河水的生命度低,不会自发地引发某个事件,"河水涨上来"是一个由自然规律引发的客观现象,不是河水的主动行为。如果(b)句的表达要为人接受,除非在一些童话、传说等故事语篇中才有可能实现,主要就是把河水拟人化,当作一个有灵的形象。而这样的话,拟人化后的河水已经不是原来所指的自然物体,而是被人为赋予高生命度的人物形象。

以这个标准来衡量,期刊论文中的关键名词都是无灵名词,对应低生命度。回顾英汉语料中的关键名词,基本都符合这个特点。本书期刊论文语料中的英汉关键名词如下:

Cybersecurity、Internet memes、digital marketing、Cobalt、cultural taste、Supply Chain Management (SCM)、ethical leadership、technology adoption、Corporate Social Responsibility（CSR）、sentiment、Afghanistan、Film-induced tourism、political connections、work zones、Dekhan Agriculturists Relief Act（DARA）、Working memory（WM）、Active Learning、Hyperthermia、The Swarm mission、smart cities、MapReduce、soil quality、subacute ruminal acidosis（SARA）、Central Asian Vortex（CAV）、Selective Laser Melting（SLM）、daylight、integral，inherently safe light water reactor（I2S－LWR）、Time preference、T cells、adaptive capacity（AC）

半强制分红政策、大数据、电视剧、环境规制、教育机会不平等、批评话语分析、游牧征服、身份、性别观念、土地所有权、肠道菌群、蛋白质之间的相互作用、间歇故障、制氢、气候变化、可拓学、量子通信、水溶液、鱼类脂肪肝、移动互联网、城镇化、文化产品贸易、重点学校制度、留守儿童、对外文化贸易、脆弱性、可见光通信、人工智能、数字全息术、水下滑翔器

以上是期刊论文语料中的关键名词，其中小部分指向抽象实体，例如"ethical leadership""性别观念"等等，而大部分都指向外部世界中的某个具体对象。然而，关键名词所指对象无论是具体实体还是抽象实体，从生命度视角而言，它们全都是无生命的事物，而不是某个有生命的个体，在具体的语篇中它们所指的往往是一类具有共同特征的存在，而不是某个具体的个例。

而在故事语篇中，则是另外一种情况。笔者也分析故事语篇中主要人物的名词短语。12 个故事语篇中的主要人物是"The Emperor、The Rose Elf、The Swineherd、The Ugly Duckling、The Little Match Girl、Little Tuck、盘古、女娲、刑天、精卫、伏羲、大禹"。无论在英语故事还是汉语故事中，这些主要人物对应的都是独一无二的具体个体，并且有鲜活的生命形式。

在论文中对关键名词或者由关键名词引发的事件进行表达，作者不会加上"意志、情绪"等描述。如果对"cybersecurity、technology adoption、气候变化、量子通信……"等对象进行表述，极少会和"高兴地、特意地"这样的词搭配。事实上，整个学术语篇中很少有关于意志、情绪等的描述。而故事语篇中的主要人物则完全不同，人或者拟人化形象的一个重要特征就是有喜怒哀乐的情绪、有意愿性、有意志力等等。例如"The poor little rose elf was terribly frightened""（刑天）不禁怒火中烧"这样的表达在故事中是很自然、常见的。

总之，大部分关键名词和主要人物都指称现实世界中的具体实体，但两者之间存在明显差异，关键名词多指称无生命的事物，而主要人物基本对应有生命的个体。从名词短语的固有属性来说，学术语篇关键名词回指语和故事语篇主要人物回指语的一个重要区别就是两者的生命度。

7.3.2　关键名词回指语生命度和回指编码

根据认知语言学的理论观点,人类观察世界并在自身的认知世界中建立世界上的各类事物的对应概念。这些概念在人类认知世界中的凸显度(salience)是不同的。Langacker(1993:30)将人类认知世界中不同事物的凸显性排序为:人类>非人类,具体>抽象,可见>非可见,整体>部分。在这个排序中,生命度起了非常重要的作用。本书模型参照 Kibrik(1996,1999)的方法将指称对象生命度分为三个等级,从高到低依次是:

人类(human)>人类之外的有生命物体(non-human animate)>无生命物体(inanimate)

从生命度视角而言,生命度越高,概念对应的凸显度越高,语篇实体对应的回指语倾向于简略形式;反之,生命度越低,概念对应的凸显度越低,回指语编码倾向于名词形式。

学术语篇关键名词的回指语都对应低生命度,而故事语篇主要人物的回指语都对应较高生命度。虽然"丑小鸭"(the little ugly duckling)不是人类,但在故事中以人的形象出现,生命度很高。这也反映了语篇体裁的差异性。

在 7.1 的分析中,我们发现,由于关键名词回指语承担了重要的信息引入功能,导致其有很大比例分布在领属语位置,这是这些回指语采用名词形式的一个重要因素。通过对关键名词回指语生命度的分析,笔者认为低生命度状态和信息功能因素共同作用也是导致关键名词回指语对应语篇实体的低激活度的影响因素。因为相比较主要人物回指语,分布在领属语位置的关键名词回指语更倾向于选择名词编码形式。笔者设定了新的统计标准,选取两类语篇中位于较近线性距离环境中且先行语分布在领属语位置的回指语,以此来分析不同语篇中回指形式的选择倾向,结果如下。

表 7.3　线性距离较近且先行词或回指语分布在领属语位置的回指语

	零形	代词	名词	总计
关键名词	13	47	495	555
	2.34%	8.47%	89.19%	100%
主要人物	12	62	12	86
	13.95%	72.10%	13.95%	100%

从表 7.3 可以看到,上述语篇环境中的关键名词回指语倾向于用名词表述,比例高达 89.19%,而主要人物回指语倾向于用代词表述,比例为 72.10%。在表 7.3 的比较统计中,多个制约因素是一致的,关键名词和主要人物回指语唯一的不同在于各自对应的实体生命度。关键名词实体对应低生命度,而主要人物实体对应高生命度。故事语篇中尽管有部分回指语也分布在领属语位置,对应的认知状态不活跃,但是其对应的高生命度提升了语篇实体的整体认知状态,所以最终倾向于选择代词回指形式。我们来看一个故事语篇中的典型实例:

18. 他(盘古)呼出的最后一口气化成了抚育万物的风和飘拂在空中的云;他的……;他的……;他的……;他的……;(他的)……;(他的)……;他的……;他的……;他的……;他的……;他的……;他的……;就连他的汗水也变成了滋润万物的甘霖和雨露。

例 18 共有 14 个连续小句,每个小句中,主要人物(盘古)的回指语都位于领属语位置,但它们都没有用名词形式,其中 12 个小句中选择了代词回指形式,2 个小句中甚至选择了零形回指形式。而这种情况在本书统计的学术语篇语料中是不存在的。可见,主要人物回指语对应的高生命度确实提高了语篇实体的整体认知激活度。而关键名词回指语都对应低生命度,所以这个因素和关键名词语篇的环境因素、语用功能因素共同作用,导致其回指编码倾向于选择名词形式。

7.3.3 句子性回指的实体特征

关键名词回指对应语篇实体特征的两个因素中,主要是低生命度因素促使回指语倾向于选择名词形式,而句子性回指对应实体特征的两方面因素都促使回指语倾向于选择较复杂的回指语形式。

与关键名词不同,句子性回指先行语在语篇中对应一个语段,一般都不是语篇的主要角色。而在其对应的生命度方面,句子性回指对应抽象实体。根据 Lyons(1977:442-446)对客观世界实体的划分,抽象实体应属于第二、第三级实体,抽象程度比无生命的具体事物更高,而对应的生命度则更低。生命度越低,概念实体对应的凸显度越低,回指语编码倾向于名词形式。

综合上述两方面的因素,句子性回指对应抽象实体,其语篇实体的低激活认知状态导致其提取难度较高,倾向于选择较复杂的回指编码。所以,在句子性回指的统计过程中,笔者发现基本没有回指语采用零形编码。而在学术语篇名词性回指中,虽然零形回指语的数量较少,特别是英语关键名词零形回指语的数量很少,但也占了一定比例。而期刊论文语篇和故事语篇中,零形回指语的比例趋向于 0,这说明句子性先行语的回指语不适用最简略的编码形式,所以回指语主要以代词和名词进行编码。当然,在具体语篇环境中,回指某个抽象实体是选择代词还是名词回指语,还要结合作者赋予该回指语的语用功能来分析(详见 7.2 节的分析)。

7.4　小结与启发

7.4.1　小结

7.1 节至 7.3 节主要分析了英汉期刊论文语篇内名词性回指和句子性回指中的回指语功能以及对应语篇的实体特征,并探讨了这两个因素对回指语编码选择的影响。

从功能视角而言,期刊论文语篇中,回指语承担更多的语用功能。在名词性回指方面,关键名词回指链对应的广义话题结构以及信息结构相对复杂,回指链中后续的回指语并不总是简单重复之前的广义话题以及信息,而是常常引入了新的信息。在句子性回指方面,学术语篇信息的专业性较强,理解难度较大,因此作者常常需要对相关信息进行评价性概括或者预设。名词编码能够较好地承担这些语用功能,导致学术语篇的作者倾向于名词回指编码。

在实体特征因素层面,关键名词虽然大部分对应具体实体,但都是低生命度事物,而句子性回指对应抽象实体,其生命度更低,且在语篇中为非重要角色。这些因素说明这些回指语对应的概念实体的凸显度不高,为了方便读者提取这些凸显度不高的概念,作者也会倾向于使用名词形式回指语。

总之,从本章对英汉期刊论文语篇内名词性回指和句子性回指中的回指语功能以及对应实体特征的分析结果来看,这两方面影响因素都促使学术语篇作者倾向于选择名词回指编码。当然,笔者必须指出两点:①期刊论文语篇回指语多以名词形式编码是一种倾向性特征,是和传统故事语篇中相应的回指语比较而得出的结论。这涉及一个概率问题,因为实际语料中有些情况下,关键名词回指也只是回溯原有信息,而主要人物回指也会涉及引入新信息。只不过这两种情况在学术语篇和故事语篇中比较少。②语用功能和实体特征对回指编码选择的制约影响其形式选择的倾向性。既然是倾向性,就可能存在其他例外选择,但这并不说明我们分析的倾向性不存在。

7.4.2　启发

根据本章的分析,学术期刊论文在信息表达方面的要求对语篇写作有独特的要求和规范,这对学术语篇作者有相应的要求。语言的形式服务于内容,但反过来,形式也会影响内容的表达。不恰当的表达形式会对内容的表述造成负面影响。因此学术研究人员在进行学术论文撰写时,除了专业领域的知识,也应该了解一些学术期刊论文写作的基本要求和规范。从本章的分析点来说,学术期刊论文信息理解难度较大,往往要利用回指语对信息进行总结或者预设;由于学术论文的讨论对象本身比较抽象,因而生命度较低。这些特征要求作者在撰写学术论文时应该多选择名词形式,而不要把口语或叙事性很强的故事语篇中的表达习惯带入学术语篇的写作中,过多使用零形或者代词回指语会损害对应的信息功能,进而影响文章的论述效果。

第8章

语言特征对回指语的影响

本书第5、第6章详细分析了期刊论文语篇环境因素对回指语形式的制约影响；第7章从语用功能和实体特征两个视角探讨了期刊论文语篇中回指语形式的选择倾向性；本章重点讨论语言整体特征对回指语形式选择的影响。古诗云："不识庐山真面目，只缘身在此山中。"没有参照对象，就很难说清楚不同形式的回指语选择分布的特征是否受语言的影响。本书以英汉两种期刊论文语篇中的回指语为研究对象，把两者互为参照对象进行分析。本章探讨语言整体特征对回指形式选择的影响，主要着眼点在于两种语言回指语选择分布的差异之处；相同部分是语篇环境、语用功能和实体特征因素对回指系统的共同作用的结果，本章就不再详细讨论了。根据前三章的分析研究，英汉期刊论文语篇中回指语分布情况整体趋同：无论是名词性回指（以关键名词回指为代表）还是句子性回指，其回指语都是以名词形式编码为主。在这个大前提下，学术语篇英汉回指语分布仍然存在一些差异，具体表现为：①在关键名词回指中，英语更倾向于使用代词回指，汉语更倾向于零形回指；②还是在关键名词回指中，虽然英语和汉语零形回指语都分布在和先行语较近的语篇环境中，但在修辞结构距离层面，汉语零形回指的分布比英语零形回指更广，也就是说汉语零形回指语更有可能分布在修辞结构距离较远（距离为2或3）的语篇环境中，而英语代词回指在修辞结构距离为2的环境中的比例高于汉语代词。因此，本章以上述两点差异为切入点，从英汉语言形式差异以及语言本质特征差异两个层面来探讨语言对回指语选择的影响。当然，英汉两种语言分属不同的语系，两者之间的差异是全方位的，本章仅探讨与英汉关键名词的零形回指和代词回指的分布差异有关的语言和思维差异。

8.1　英汉关键名词的回指形式与语言衔接形式

回指的本质特征在于对语篇中出现过的对象再次提及，在认知层面就是对已经建立的语篇实体信息的提取。然而，如果简单地从表现形式来看，回指仍然是一种语言表达的方式和手段。那么很自然，回指语的选择难免受语言本身特征的影响。因此本章拟从语言层面入手讨论英汉回指分布情况的差异。本章开始部分指出期刊论文语篇中英汉回指分布的差异主要体现在英汉关键名词的零形回指语和代词回指语分布的两点差异，笔者认为，这两点差异其实是相互关联的，因此可以放在一起来讨论。

语篇体裁形式仍然是语言形式的一种表现，因此语篇特征的影响并不能消除语言本身的影响。虽然关键名词回指语受期刊论文语篇特征的影响，导致英汉关键名词回指都倾向于名词形式，然而英汉语言本质差异的影响还是在期刊论文语篇中表现出来。本书观察到英汉关键名词零形回指和代词回指的分布差异，前人学者在研究通用语篇时就有所提及。"Li & Thompson（1976：322）通过研究发现在汉语话语中，零位后指（回指）现象十分普遍，甚至可以把话语中不出现后指（回指）变化的这种情况看作是正常的无标记情况"，而英语的情况正相反，"在英语中，代词后指（回指）是正常的无标记形式，而在汉语中，零位后指是正常的无标记形式"（何兆熊 1986），这与我们观察到的第一个差异点相吻合。

为何会出现英语倾向于使用代词回指语而汉语倾向于使用零形回指语的情况？笔者认为，这是由于英汉两种语言对语言衔接形式依赖程度的不同所导致的。简单来说，英语更倾向于使用显性回指语（代词回指语），比较重视语言形式的勾连，强调回指关系中语言形式层面的衔接。相比之下，汉语更倾向于使用隐性回指语（零形回指语），不是很注重语言形式的勾连，而是更依赖回指关系中语义层面的连贯。在接下来的8.2 至8.3 小节中，作者将根据学术语篇中的实例来分析论证这个观点。

8.2　英汉语言差异对关键名词零形回指语使用的影响

8.2.1　零形回指与语法标记

回指是重要的语篇衔接手段，在英汉语篇中，回指语的使用情况体现各自的语言特征。英语更依赖于用显性的语言衔接形式来联系上下文，所以在使用零形回指语时，在语言形式方面有更严格的要求。而汉语更倾向于通过相关意义的排列来实现上下文的关联，回指本身就是一种衔接手段，所以使用零形回指语时汉语在语言形式层面没有过多要求。

　　零形回指语是英语表达容易提取的概念信息的有标记手段。所谓有标记，是指在英语中，使用零形回指语除了满足相应的语篇环境、语用功能等要求，在语言形式上还有比较严格的标示限制。换言之，语篇实体的认知状态导致语篇某个位置上的回指语倾向于采用零形式，除此以外，英语说话人还会通过一定的语言形式标记强调这个位置上是用了零形回指语。具体而言，英语期刊论文语篇中基本上是通过一定的语法形式标记零形回指，主要是连词，其次是动词非谓语形式。例如：

　　1. Cybersecurity is said to be the new form of war <u>and</u> Ø is viewed as the next platform in modern warfare. (附录：EH1)

　　2. <u>The Swarm mission</u>, Ø launched in November 2013 by the European Space Agency (ESA) to primarily study the Earth's magnetic field (Friis-Christensen et al. , 2008), consists of three identically built satellites each orbiting the Earth in a near-polar low Earth orbit (LEO). (附录：ES4)

　　例 1 中，第二个小句中的"Ø"回指第一个小句中的先行词"Cybersecurity"，两个小句之间由连词"and"连接。此例中的连词"and"作为一个语法标记，强调了它引出的第二个小句中省略的主语是前一小句中主语的零形回指语。例 2 中，"The Swarm mission"引出的小句中嵌套一个非谓语动词小句。该非谓语小句的逻辑主语就是回指"The Swarm mission"，它在该小句中选择了零形回指语形式。此例中，非谓语动词小句的语法形式就是一个语法标记，强调了该小句中被省略的逻辑主语是前一小句中主语的零形回指语。并且需要指出的是，例 1、例 2 中的语法标记是现代英语语法规范的一部分，是固定的语言表达形式。如果把例 1 中的"and"省略是不合乎语法规范的。同理，把例 2 中的非谓语动词"launched"之前加上"is"，把非谓语动词表达形式改为一般动词表达也违背英语语法规范。

　　1(a) <u>Cybersecurity</u> is said to be the new form of war, <u>Ø</u> is viewed as the next platform in modern warfare.

　　2(a) <u>The Swarm mission</u>, <u>Ø</u> is launched in November 2013 by the European Space Agency (ESA) to primarily study the Earth's magnetic field (Friis-Christensen et al. , 2008), consists of three identically built satellites each orbiting the Earth in a near-polar low Earth orbit (LEO).

除非我们把隐性的零形回指替换为显性的代词回指,或者把例2的非谓语动词小句改为关系小句,如例1(b)、2(b),才符合语法规范。

1(b) Cybersecurity is said to be the new form of war, which is viewed as the next platform in modern warfare.

2(b) The Swarm mission, that/which is launched in November 2013 by the European Space Agency (ESA) to primarily study the Earth's magnetic field (Friis-Christensen et al., 2008), consists of three identically built satellites each orbiting the Earth in a near-polar low Earth orbit (LEO).

和英语中的情况恰恰相反,零形回指语在汉语中属于无标记手段。相较于英语语篇中的零形回指语,汉语期刊论文语篇中的零形回指语的使用在语言形式上的限制比较少,或者说,限制没有那么严格。具体而言,汉语语篇中使用零形回指语时,连词(特别是表示并列关系的连词的使用)不是绝对必需的。汉语零形回指语所在小句之前可以加连词标记,也可以不加。具体例子如下:

3. 肠道菌群不仅调节肠道,还 Ø 能影响脑的活动甚至行为。(附录:CS1)

4. 肠道菌群能够调节肠道运动和分泌,Ø 分解食物中的大分子复合多糖,Ø 参与营养物质的消化和吸收,Ø 维持肠上皮屏障的完整性,Ø 促进并维护免疫系统的正常发育和活动等。(附录:CS1)

5. 对蛋白质相互作用的研究不仅能从系统角度理解各种生物学过程,Ø 揭示疾病的发生机制,而且 Ø 能够帮助人们寻找新的药物靶标,Ø 为新药研发起到积极的作用。(附录:CS2)

例3中,第二个小句主语位置上是第一个小句中"肠道菌群"的零形回指语"Ø"。该例中,说话人使用了连词"不仅……还……"标记连接前后两个小句。而在例4中,第二、三、四、五小句的主语均回指前一小句的主语,而且都采用了零形回指语形式,各个小句之间没有任何语法层面的连接标记。最后一个小句中虽然有连词"并",但这个连词是用来连接小句中的两个动词"促进"和"维护",而不是作为小句的连接标记强调五个小句之间是并列关系。例5中,第二、三、四小句的主语均回指前一小句的主语,并采用了零形回指语形式。这四个小句中,前两个小句和后两个小句构成递进关系,由"不仅……而且……"标记连接;但是,第一和第二小句之间、第三和第四小句之间都是"叙事"的修辞关系,它们之间却没有任何连词标记。与英语相比,汉语中的这些连接标记更侧重于意义层面关系的说明,而不是固定形式的语法规范。如果把例3、例5中的连词省略掉也不会使表达不合语法,至多只是例5中的递进关系没有明确标记,需要依靠读者的推理来理解。

8.2.2　零形回指的连续使用与修辞结构距离

因为对语言衔接形式的要求不同,英语和汉语中零形回指的连续使用情况也不相同。汉语零形回指语是无标记形式,并且在使用时不强调语法形式的勾连,而英语零形回指语则是有标记形式,使用零形回指在语言形式上有严格的限制。因此汉语零形回指的使用频率高于英语零形回指,这点在 8.2.1 部分已经讨论过了。而使用汉语零形回指没有过多的语法形式限制,这导致英汉关键名词的零形回指语言在表现形式上的另一个差异:英语语篇中零形回指连续出现的情况较少,大多数是一个非零形先行词跟一个零形回指语,再之后的回指语就不是零形回指了;而在汉语语篇中,零形回指语连续出现的情况不少,例4和例5都是具体实例。

根据笔者对期刊论文语篇中零形回指实例的统计,英语关键名词的零形回指语连用的只有 1 例,三个零形回指小句连用,占所有英语零形回指总数的 10.71%;而汉语关键名词零形回指语连用的共有 76 个,占总数的 60.80%,远远高于英语中的比例。由于英语语篇中零形回指连续使用的情况较少,大部分情况下,一个先行词小句和一个零形回指语小句在语义信息上组成一个修辞结构,先行词和回指语位于同一修辞结构层级,两者的修辞结构距离是 1,如例 6 显示的那样。

6. One of the most common platform-as-a-service computational paradigms is <u>MapReduce</u>, Ø introduced by Google in 2004. (附录:ES6)

例6中,关键名词回指对象是"MapReduce",在第一个小句中先行词是"MapReduce",后续小句是非谓语动词句,省略的逻辑主语"Ø"回指前一小句中的"MapReduce"。从修辞关系上看,后面的非谓语动词小句依附于前一小句,两者位于同一修辞层级,先行词"MapReduce"和回指语"Ø"的修辞结构距离为1。

相较于英语而言,在汉语语篇中,零形回指语连用的情况比较普遍。而且有些连续的零形回指语小句之间的语义信息关系比较复杂,构成了多个修辞结构层级,比如例7中的四个小句。

7.（a）对蛋白质相互作用的研究不仅能从系统角度理解各种生物学过程，（b）∅ 揭示疾病的发生机制，（c）而且 ∅ 能够帮助人们寻找新的药物靶标，（d）∅ 为新药研发起到积极的作用。（附录：CS2）

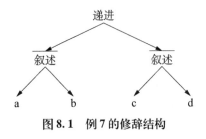

图8.1　例7的修辞结构

在例7的四个小句中，具体的回指对象是"对蛋白质相互作用的研究"。在语义信息关系上，a、b 小句构成一个语式、c、d 小句构成一个语式，并且前两个小句组成的语式和后两个小句组成的语式构成递进关系。它们之间的修辞结构如图8.1所示。

很明显，b 小句和 c 小句并不直接构成一个修辞关系，而是要上升到上一层级才发生联系，所以小句 b 和小句 c 之间的修辞距离为2。

甚至汉语语篇中还有一例先行词和回指语修辞结构距离为3，正是因为多个零形回指小句构成了更复杂的修辞结构，如例8：

8.（a）简单地说，养殖鱼类脂肪肝病的危害可归纳为以下 4 个方面：（b）∅ 降低生长性能和饲料利用效率，（c）∅ 增加养殖成本；（d）∅ 降低免疫力和应激耐受性，（e）∅ 增加对病害的敏感性和死亡率；（f）∅ 降低产品的感官品质，（g）∅ 影响产品销售；（h）∅ 间接导致抗生素等药物的滥用，（i）∅ 影响食用安全性。（附录：CS9）

例8中共有9个小句，其中 b、c、d、e、f、g、h、i 几个小句中的主语均是零形回指语，回指小句 a 中的"养殖鱼类脂肪肝病"。从修辞结构关系角度来看，这些小句构成的修辞结构如图8.2所示。

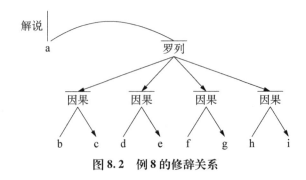

图8.2　例8的修辞关系

　　小句 b 和 c、小句 d 和 e、小句 f 和 g、小句 h 和 i 各构成同一层级的修辞结构,然而它们在更高一级的层级上并列。而小句 a 则还要高一层级,因此小句 a 中的先行词和 b 中的回指语之间的修辞结构距离为 3。当然,因为在学术语篇中零形回指的使用空间被压缩,所以例 8 的情况在语料中只有一例。

　　通过和英语的对比,总的来说,汉语零形回指语在修辞结构距离层面分布的范围比英语零形回指语更广,而且有较高比例对应 2 和 3 的修辞距离。英语中相对应情况的比例很少,从绝对数量上而言则更少。究其根源,主要还是因为两种语言对零形回指语使用的限制不同。

8.3　英汉语言差异对关键名词代词回指语使用的影响

　　英语和汉语在使用代词回指时也存在一些语言表达上的差异。相比汉语而言,英语代词回指语的形式更丰富。简单来说,英语由于强调形式上的勾连,语篇中所使用的第三人称代词的形式比汉语复杂。汉语语篇中的代词回指语都是人称代词,主要为“它”和“其”这两者;特别是“其”既可以表示单数,也可以表示复数概念,并且还能表示所有格的意义,因此在期刊论文中并不少见。而在英语期刊论文中,回指关键名词的人称代词有主格“it/they”、宾格“it/them”和所属格“its/their”等不同形式,出现在相应的小句位置。此外,由于英语关系从句的固定语法形式,回指关键名词的除了人称代词之外,还有关系代词“that/which”。当然,代词形式比较丰富不是英语倾向于使用代词回指形式的直接原因,但可以说这从一个侧面反映了英语中使用代词比较普遍的情况。

　　零形和代词回指形式都是用来表达激活度较高的回指实体,代词回指对应实体的激活度略低于零形回指实体的激活度,不过两者在一定程度上有重合的区域。8.1 部分的分析说明零形回指在英语语篇中有标记形式,在使用时有很严格的语法形式限制,所以数量很少。那么相应地,英语语篇表达较高认知激活度的语篇实体倾向于使用显性的回指手段:代词回指语。第 5 章英汉关键名词的零形回指和代词回指的统计结果显示的就是这种情况。究其原因,除了 8.1 部分中所论述的情况,英语语篇中,关系从句的扩展方式也是促使英语更倾向于使用代词回指的一个因素。简而言之,英语关系从句是右分支结构,这个结构对英语中的回指形式有明确限定。

　　“分支指的是修饰成分或分句相对中心词和中心句的位置”(魏在江,2007:80)。右分支结构就是,从语篇线性排列来看,修饰成分/分句出现在中心词/句的右侧,从时间角度看,修饰成分/分句晚于中心词/句出现。对应地,左分支结构就是从语篇线性排列来看,修饰成分/分句出现在中心词/句的左侧,从时间角度看,修饰成分/分句早于中心词/句出现。这是基本词汇、小句扩展为复杂词汇、复杂句的两个主要方式。英语中右分支扩展方式占优势,而汉语中左分支扩展方式占优势。学术语篇讨论的话题比较复杂,很多情况下会用到复杂句,关系从句就是之中之一。英语关系从句是典型的右分支结构,而汉语关系从句则是左分支结构。

刘宓庆(1992:205-208)对英汉基本小句扩展为复杂句的句式扩展递归性有较详细的论述。他指出英语句子的特点是句首封闭性和句尾开放性。句首封闭性就是小句逆线性扩展(往左)可能性很小,而句尾开放性就是允许小句很大限度的顺线性(往右)扩展。比如著名的英语童谣"This is the cat that killed the rat that ate the malt that lay in the house that Jack built."就是从基本小句"This is the cat."一步步往右顺线性扩展而来。

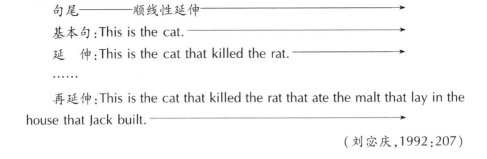

句尾—————顺线性延伸————————————————→
基本句:This is the cat.—————————————————→
延　伸:This is the cat that killed the rat.——————→
……

再延伸:This is the cat that killed the rat that ate the malt that lay in the house that Jack built.——————————→

(刘宓庆,1992:207)

理论上,英语基本小句顺线性扩展的可能性是无穷的,当然由于认知负担的限度,实际上不可能无限延伸。英语小句顺线性扩展方向是其语言特性,应该在所有语篇中都如此表现。笔者检验了语料中和关键名词回指相关的关系从句,以确认是否如此。受语篇特征的影响,期刊论文中的关键名词代词回指使用的整体数量不多,除去大部分的人称代词,关系代词的实例不多。但凡是关系从句,都是以中心词为起点顺线性扩展。以下是语料中的一个例子:

9. In this article, we classify <u>all the important active learning strategies</u> <u>that</u> we have found in the literature with respect to two dimensions that are descriptive and discriminative...(附录:ES2)

10. Sub-acute ruminal acidosis is <u>a well-recognized digestive disorder</u> of high yielding dairy cows <u>that</u> has negative impact in both animal health and herd profitability particularly in well-managed dairy herds.(附录:ES8)

　　例 9 中, 关键名词是"active learning"; 回指关系中的回指语是关系代词"that", 在关系从句中充当宾语, 回指前一小句中的"all the important active learning strategies"。在这个名词短语中, 关键名词位于领属语位置。例 10 中, 关键名词是"Sub-acute ruminal acidosis", 回指语是关系代词"that", 它在关系从句中充当主语。从语法上看, 它直接回指前一小句中的"a well-recognized digestive disorder of high yielding dairy cows"。而前一小句是个"是(be)"字句,"a well-recognized digestive disorder"就是关键名词"Sub-acute ruminal acidosis"的异形表达式, 两者在记忆系统中对应同一个语篇实体。"that"的回指对象其实就是关键名词"Sub-acute ruminal acidosis"的指称对象, 两者对应同一语篇实体, 所以"that"也是该语篇关键名词的回指语之一。9、10 两例回指关系中, 回指语出现在关系从句中并具有回指功能, 由于英语关系从句的固定语法形式, 回指语必须选择关系代词形式。

　　而汉语表达中的情况正好相反。汉语句子的特点是句首开放性和句尾封闭性, 这意味着汉语小句逆线性(往左)扩展能力很强, 而相反顺线性(往右)扩展的能力很有限, 如图 8.3 所示。

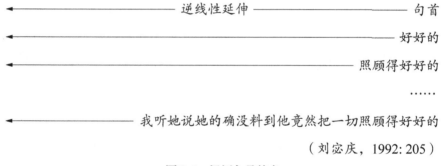

（刘宓庆, 1992: 205）

图 8.3　汉语句子特点

　　由于汉语关系小句采用左分支结构, 语料中就没有例 9、例 10 这样的表达方式, 如果把这两例翻译为汉语, 其结构应该是:

　　9(a) 在本书中, 我们把已经在两方面文献中发现的重要主动学习策略分为描述性的和区分性的。

　　10(a) 亚急性反刍酸毒症是高产奶牛中常见的一种对动物健康和高产牛群产奶利润都有负面影响的消化不良病症。

例9(a)、10(a)是对英语例句9、10的翻译,在翻译的汉语句子中,原来的右分支关系从句变成了左分支结构,即前置定语。并且由于中心词对应指称在左分支关系从句位于宾语位置,在句法结构上和主句里中心词出现的位置重合,就不需要回指语了。此外,汉语中的前置关系从句过长,往往会采用另一种手段来对其进行表述,例10还可以翻译为:

10(b) <u>亚急性反刍酸毒症</u>是高产奶牛中常见的一种消化不良病症,∅ 对动物健康和高产牛群产奶利润都有负面影响。

例10(b)直接把原句的关系从句改为两个并列的独立小句,这样的结构更符合汉语的表述习惯,而且在关于同一话题的连续小句之间,后续小句可以用零形回指前句的话题,连词的使用也不是必须的,正如例10(b)表现的那样。不过,例9由于中心词后面还有后续成分,不适合改成10(b)那样的结构。

本节从英汉关系从句的扩展方向探讨了两种语言对回指形式的选择倾向。英语关系从句是典型的右分支结构,这样的结构中使用"that、which"等关系代词是固定的语法形式。而汉语中则是左分支结构占优势,英语中的关系从句在汉语中转换为前置定语,或者直接转换为后续的独立小句。无论在前置定语中还是后续独立小句中,对应英语关系代词的位置多使用零形回指语,这体现了汉语对零形回指的使用倾向性。而英语小句扩展的右分支倾向性以及对显性回指形式的倾向性,导致英语在较为复杂的小句关系中倾向于使用代词回指,实例如下:

11. Thus, (a) <u>SARA</u> is the most important nutritional disease and (b) <u>∅</u> represents a significant concern as (c) <u>it</u> can negatively impacts the dairy industry. (附录:ES8)

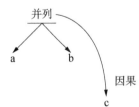

图8.4 例11的小句修辞关系

在例11中,共有(a)、(b)、(c)三个小句,小句的主语位置都是关键名词"SARA"的不同回指形式,三个小句之间的修辞关系如图8.4所示。

小句(a)和(b)构成一个修辞结构,位于同一层级,小句(c)和(a)、(b)组成的结构发生联系,所以小句(c)中的"it"和小句(b)中的"∅"不位于同一修辞结构层级,两者之间的修辞结构距离为2。

和汉语语篇相比,英语语篇中更倾向于使用代词形式的关键名词回指语,并且在复杂的关系小句中更是如此,所以分布在修辞结构距离为 2 的环境中的英语关键名词的代词回指语比例高于汉语代词回指比例。

8.4　英汉语言本质特征差异与思维方式的差异

8.4.1　语言差异影响的跨语篇体裁特性

前文三章主要以故事语篇为参照分析了期刊论文语篇中回指语分布特征、语用功能和实体特征。而本章主要从英汉语言差异的视角研究语篇中回指语的选择与分布。通过 8.2 和 8.3 节的分析,我们发现英汉语言表达层面的差异导致了两种语言的使用者对零形和代词回指语的不同选择倾向。而且,根据笔者的观察,这种语言所导致的回指语选择差异性不仅存在于期刊论文语篇中,也存在于故事语篇中,如表 8.1 所示。

表 8.1　英汉故事语篇中主要人物的不同形式回指语数量分布

主要人物回指语	不同回指形式			总计
	零形	代词	名词	
英语	59	259	104	422
	13.98%	61.37%	24.65%	100%
汉语	183	111	145	439
	41.69%	25.28%	33.03%	100%

学术期刊论文语篇中,零形回指和代词回指都分布在较近线性距离语篇环境中,英语和汉语均是如此。而表 8.1 的统计显示,汉语代词回指有一部分布在较远线性距离环境中,如果排除这部分回指语重新统计,结果如表 8.2 所示。

表 8.2　故事语篇中较近线性距离语篇环境中的不同形式回指语数量分布

	不同回指形式			总计
	零形	代词	名词	
英语故事	58	198	13	269
	21.56%	73.61%	4.83%	100%
汉语故事	181	97	30	308
	58.77%	31.49%	9.74%	100%

表 8.1 和表 8.2 说明故事语篇中，英语更倾向于代词回指编码，汉语更倾向于零形回指编码。结合 8.2 节和 8.3 节的分析，我们可以认为这种语言层面差异导致的回指语选择差异具有跨语篇体裁的特性。

8.4.2 语言层面差异背后的本质特征及思维方式差异

本章 8.1 至 8.3 节主要从语言差异角度分析了英汉关键名词回指语（主要是零形回指和代词回指）的分布差异，并在 8.4.1 部分通过对故事语篇语料的分析验证了英汉回指语选择分布差异具有语篇共通性。而造成这种差异的直接原因在于英汉语言表达层面的差异，简言之，英语在语言形式上更加注重通过显性的语法手段来加强上下文的联系，所以更倾向于使用代词回指语，并且在使用回指这种衔接手段时，具体语法形式上还会附加其他的语法手段来标示回指关系；而汉语则对显性语法衔接手段的依赖性不强，所以更倾向于使用零形回指语，而且因为回指本身就是一种衔接手段，在具体使用时汉语不强调其他附加手段来标示回指关系。本节拟通过语言表达层面的差异来探讨英汉语言本质特征以及语言背后思维方式的差异，这是更深层次的影响回指语选择的语言因素。

语言是思想内容的表述，某段特定语篇则是一段思想内容的具体表达。出于有效交际的目的，说话人要表达的意义应该是连贯的，而语篇则通过具体的语言形式来实现这种意义上的连贯。因此任何正常的语篇在意义上肯定是连贯的，区别在于以何种方式来实现这种连贯。从 8.1~8.3 节的分析来看，英语倾向于借助较多的显性语法手段来表达意义的连贯，而汉语倾向于直接通过意义的排列让读者去领略小句间的关系。英汉语的这两个特点被总结为"形合"（Hypotaxis）与"意合"（Parataxis）。Halliday（2000:221）认为，形合是指不同地位的语言成分的结合方式，居主导地位的成分是自由的，而依附成分是不自由的。意合是指平等的语言成分之间的结合方式。前后成分都是自由的，即每个成分在功能上是完整的。广义上的形合指一起借助语言形式和语法手段进行句法组合的方式，狭义上的形合就是指词汇手段；广义上的意合指不借助有形语法手段来体现词、句之间逻辑意义关系，狭义的意合专指句子层次的逻辑关系（魏在江，2007:90）。本书讨论的是广义上的形合与意合。

形合与意合的特征归纳十分精妙，不过比较笼统。就英汉回指语使用在语言层面的差异，笔者认为更恰当的描述是时间性与空间性的差异。王文斌（2013a，2013b，2016）认为英汉两种语言的本质差异在于时空性差异。英语具有时间性特质，语言使用过程中强调形式勾连和延续；汉语具有空间性特质，语言使用过程中表现为块状性和离散性。时空差异性体现在英汉两种语言的方方面面,语篇回指也是其中之一。根据本章的研究,无论在学术语篇还是故事语篇中,英语回指更依赖显性语言形式,包括代词回指、连词等语法手段,这些有形的衔接方式就像是链条一样把小句连接起来。这种链形的连接方式体现了时间的线性延续。而汉语回指则更依赖于隐性形式,小句之间只要有意义关联,就可以按顺序排列,不强调必须用特定连词标记,甚至于回指也倾向于选择零形式。以这种方式连接,从语言表现形式来看,就像是块状低排列,小句之间缺少"有形"的链条而呈现出离散性。前文几个小节已经分析了不少语料中的实例,这里就不重复了。

　　形合与意合,时间性与空间性的差异,直指英汉两种语言的本质特征区别,当然这种区分仍然是从语言层面进行归纳总结的。语言是思想的表达,上一章讨论回指分布的语篇特征时,笔者认为正是学术语篇表达信息的特殊性导致关键名词的回指分布不同于故事语篇中主要人物的回指分布。形式服务于内容,语言服务于思想。从这个观点来说,语篇中英汉回指分布差异的原因是受两种语言差异的影响,而更深层是受语言背后的文化以及语言使用群体的思维模式差异的影响。民族的语言即民族的精神,民族的精神即民族的语言,二者的同一程度超出了人们的任何想象(洪堡特,1999:52)。洪堡特的这一论断是其"内蕴语言形式"观的最佳诠释,强调一种语言的内在语码包孕着一种内在的世界观,特定的语言表征形式反映特定的民族思维方式(王文斌,2013b)。

　　那么英汉零形回指语和代词回指语在语言使用层面的差异又体现了英语和汉语使用群体怎样的思维差异呢? 笔者认为,这体现了英语文化群体更强调抽象化思维,而汉语文化则倾向于具象化思维。抽象化思维是指英语强调遵循抽象的逻辑顺序,因此在使用回指联系上下文时,更多地借助有形的语法手段来标示小句间的逻辑关系。具象化思维指汉语更侧重于现实的自然时间顺序,因此在使用零形回指语这种谋篇手段的过程中,经常以按序排列小句的方式构建语篇。这种方式更突出小句的具体意义,而小句之间的抽象逻辑关系要依靠读者自身去领悟。当然,语言和思维方式是一个非常宏大的话题,本节仅仅是借助英汉学术语篇零形和代词回指分布差异的视角窥其一角,就不再详细展开讨论了。

8.6　小结与启发

　　本章主要比较了英汉关键名词回指语分布情况之间的差异,并从英语和汉语的语言表达层面分析了回指语选择和分布差异的原因,并且还管中窥豹式地分析了英汉语言表达层面所反映的两种语言本质特征区别,以及导致这种区别的不同思维模型。回指语属于语言符号,受语言系统的影响。因此,英汉两种语言的本质性区别导致了两种语言在表达层面的差异,这种差异最终影响了英汉语篇中回指语的选择与分布。

笔者认为,本章的分析对于学术期刊论文的翻译和发表有一定的启发意义。随着中国的学术研究与国际学术研究交流日益紧密,对包括期刊论文在内的学术语篇翻译的需求也随之高涨。结合上一章的分析,学术语篇的翻译首先要注意语篇特性,特别是学术语篇独特的体裁要求。学术语篇的内容基本都是关于专业学术领域的话题,文体特征倾向于规范、严谨。学术语篇讨论较多的是抽象的概念、特征和现象,这些指称大都以名词形式出现在语篇中,如果要用形式较为简略的零形或代词回指这些抽象名词时,一定要慎重考虑是否会增加不必要的阅读困难。当然,如果语篇环境激活度确实很高,那么就根据表达习惯使用合适的零形或代词回指,这种情况下就要注意英汉语对零形回指和代词回指的不同倾向性。翻译英汉学术语篇就需要特别关注英汉语在表达回指时的差异。简单来说,如果汉语语篇翻译为英语,不要沿用汉语表达习惯,使用很多零形代词,而应该按照英语的表达习惯,增添代词形式的回指语,并加上连词以标示逻辑关系。汉语倾向于左分支结构扩展基本小句,或者直接以离散性的方式排列多个相关联小句;而英语倾向于右分支结构扩展小句,而且不同类型的从句对应固定的语法形式。在汉译英时,要注意复杂句中多个小句的连接方式。而把英语语篇翻译为汉语时情况相反,可以删除一些汉语表达中不必要的代词回指和语法连接手段,以更好地展现汉语表达的灵活性。

对于国际期刊的发表而言,以汉语为母语者用英语进行学术论文写作时,不仅要了解学术论文语篇的基本要求和通用规范,还要注意英汉语言表达之间的差异。就本书讨论的话题而言,以汉语为母语的学者在撰写英语论文过程中要注意英语对语言显性衔接手段的倾向性,不要把汉语的思维习惯带入英语语篇表达中。这样有助于让世界更多地了解中国学者和中国的学术研究。

第 9 章

结　论

9.1　主要发现

本书研究了英汉学术期刊论文中的回指现象,包括名词性回指(以关键名词回指为代表)和句子性回指。回指关系的本质在于说话人对相同指称对象的重复。在语言层面,回指就是某个对象在语篇中出现过后,说话人又一次或多次用相同或不同的语言形式提及该对象。在认知层面,语篇构建一个记忆系统,指称对象在系统中表现为语篇实体;而回指就是提取已经存在的某个语篇实体的相关信息。

本研究主要分析了名词性和句子性回指关系中的回指编码在学术语篇中的选择倾向。关于语篇回指语的选择,语言学家们从不同视角提出了多个分析模型,本书主要借鉴了认知语言学派学者们所提出的回指选择分析模型。根据Ariel、Chafe、Gundel、Tomlin、Kibrik、许余龙等学者的理论观点,回指形式选择和对应语篇实体的认知状态密切相关。而在言语交际过程中,说话人没有必要也不可能随时确认听话人的认知心理状态,说话人需要根据实际的语篇环境来对回指实体认知状态进行评估并选择具体回指形式。因此学者们提出可以根据语篇环境和回指实体自身特征来分析语篇实体认知激活状态,并对回指形式选择和分布情况进行分析。根据这一理论观点,Ariel(1988,1990)和 Kibrik(1996,1999)在对自然语篇分析的基础上提出了可及性标示分析模型和回指认知激活计算分析模型。然而 Ariel 的分析模型只注重句子间隔线性距离因素,没有分析其他语篇环境和回指实体自身特征;Kibrik 的分析模型考虑了多个实体认知状态制约因素,但是该模型对认知激活程度的赋值和计算过程缺乏心理实验证据,偏于主观。笔者主要借鉴了 Ariel 和 Kibrik 的分析模型,并结合 Chafe、许余龙等学者的理论观点,提出了本书的理论框架——回指形式选择倾向多因素分析模型。

根据本书理论框架,笔者主张从多个视角来分析语篇回指语形式的选择倾向性。具体而言,回指形式对应语篇实体的认知状态,而实体认知状态受语篇环境、回指语功能、实体自身特征和语言特征四大类因素的制约。语篇环境主要包括回指语和先行词的线性距离(语篇间隔距离和小句间隔距离)、修辞结构距离和句法位置分布;回指语功能主要包括核心提取功能以及非提取功能;实体自身特征包括语篇角色和生命度两个衡量标准;回指形式的最终选择是多个因素综合作用的结果。笔者根据分析模型从多个层面研究了期刊论文内名词性回指和句子性回指中的回指编码,研究发现了期刊论文语篇中不同因素对回指形式选择的具体影响。

第一,在语篇环境因素层面,总的来说,英汉期刊论文中的回指编码倾向于使用名词形式,表现为零形和代词回指语数量比例很低(句子性回指的回指编码基本不采用零形回指形式),而名词回指语比例很高。

在名词性回指关系中,关键名词回指语的分布特征主要表现为:

(1) 从整体分布趋势来看,关键名词回指语倾向于选择名词回指形式,零形和代词回指比例很小。英语期刊论文语篇中,关键名词对应的零形和代词回指形式数量占其所有回指形式的 14.12%,而名词回指形式占了 85.88%;汉语期刊论文语篇中,关键名词对应的零形和代词回指形式数量占其所有回指形式的 24.27%,而名词回指形式占了 75.73%。

(2) 在语篇距离环境因素层面,英汉关键名词零形和代词回指语主要分布在较近的线性距离和修辞结构距离语篇环境中,而名词回指语在这两个层面的分布都很广泛,并且在线性距离和修辞结构距离层面也都主要分布在较近距离的语篇环境中。在句法位置层面,零形回指语主要对应小句主语位置,代词回指语主要对应主语和领属语位置,而名词回指语主要分布在领属语位置。

在句子性回指关系中,回指形式在语篇环境层面的表现为:

(1) 从不同回指形式数量层面来看,句子对应的回指语基本上不采用零形回指,主要采用代词和名词回指形式,且明显更倾向于名词回指形式。英语句子性回指关系中代词回指形式占了 26.62%,而名词回指形式占了 73.38%;汉语句子性回指关系中代词回指形式占了 38.76%,而名词回指形式占了 61.24%。

(2) 在语篇环境因素层面,句子形式回指关系中,而无论是代词回指语还是名词回指语,都分布在较近的线性距离位置和修辞结构距离位置,并且都倾向于分布在主语和宾语句法位置。

第二,在回指语功能层面,我们发现回指语作为语言符号承担了多重语用功能,除了最核心重要的信息提取功能,还承担了引入新信息的重要功能。

(1) 期刊论文中,关键名词对应的回指形式在语篇中主要以同义名词回指语和充当参照点的两种方式来实现。由于语篇关键名词的回指语往往要承担引入新信息的语用功能,其所对应的信息链结构不是呈现为简单的线性结构,而是表现为围绕着一个中心(关键名词)信息展开的一组相互关联、个体之间又不完全相同的信息群。关键名词回指链对应的这种信息(广义话题)结构导致关键名词回指语倾向于分布在领属语位置,而领属语句法位置降低了语篇实体的认知激活度,特别是较近线性距离环境中语篇实体的认知激活度,这又导致该环境中语篇实体倾向于用名词形式表达,压制了零形和代词回指的使用空间。

(2)在句子性回指关系中,名词回指语也承担了重要的信息功能。除了核心的回指提取功能之外,名词回指语一般还能对先行信息进行评价性概括,表明作者的立场、观点。当名词回指语采用下指形式的时候,它们还具有了预设信息的功能。学术论文专业性很强,表述的信息理解难度较大,通过名词回指语,作者可以对一定的语段信息进行总结、概括、评价、预设,以降低读者的阅读难度,同时也表达了作者的立场观点。所以,在英汉期刊论文语篇中,句子性回指的名词回指编码占了很高比例。

第三,在语篇实体因素层面,关键名词回指对象一般为非生命实体或者抽象概念,两者都对应低生命度;而句子性回指所指对象基本都是概念或者事件等抽象实体,生命度更低。低生命度导致概念的凸显度较低,对应的回指形式倾向于使用名词。除了生命度因素,关键名词的回指语在语篇中担任较重要的语篇角色,而句子性回指对应的回指语在语篇中不担任重要语篇角色。

综合而言,这两方面因素说明期刊论文语篇中回指语对应的概念实体的凸显度不高。为了读者能方面提取这些凸显度不高的概念,作者会倾向于使用名词形式回指语。

第四,在语言特征因素层面,在大致趋同的分布情况中,期刊论文语篇中英汉回指语的分布还是存在一些差异,主要体现在英汉两种语言对代词和零形回指语的不同选择倾向。具体而言,在回指关键名词时,英语倾向于使用代词回指形式,汉语倾向于使用零形回指形式。英语期刊论文语篇中,关键名词零形回指占了4.49%,而代词回指占了9.63%;汉语期刊论文语篇中,关键名词零形回指占了19.08%,而代词回指占了5.19%。

本书分析认为,这种差异是由于英汉两种语言对语言衔接形式依赖程度的不同所导致的。简单来说,英语更倾向于使用显性回指语(代词回指语),比较重视语言形式的勾连,强调回指关系中语言形式层面的衔接。相比之下,汉语更倾向于使用隐性回指语(零形回指语),不是很注重语言形式的勾连,而是更依赖回指关系中语义层面的连贯。如果探究这种差异更深层次的原因,本书认为其体现了英汉两种语言本质上的一些不同。英语更注重形合,体现了语言的时间性特质;而汉语更倾向意合,体现了语言的空间性特质。语言的不同特质根源于语言使用者群体的不同思维方式。英语文化群体更强调抽象化思维,而汉语文化则倾向于具象化思维。抽象化思维是指英语强调遵循抽象的逻辑顺序,因此在使用回指联系上下文时更多地借助有形的语法手段来标示小句间的逻辑关系。具象化思维指汉语更侧重于现实的自然时间顺序,因此在使用零形回指语这种谋篇手段的过程中,经常以按序排列小句的方式构建语篇。这种方式更突出小句的具体意义,而小句之间的抽象逻辑关系要依靠读者自身去领悟。

根据本书的分析模型,回指形式的选择是四方面因素综合作用的结果。根据对具体语料的分析,我们可以看到,在语篇环境因素、回指语功能、语篇实体特征因素和语言特征因素的综合影响下,期刊论文语篇倾向于使用名词回指形式,这种倾向性压缩了零形和代词回指的使用空间。这种现象体现了学术论文语篇体裁方面的特征。此外,英汉两种语言表达层面的差异确实会影响回指编码的选择倾向,这反映了两种语言的不同特质和语言背后的使用群体的不同思维模式。

9.2　不足和改进之处

回指是一个极为复杂的语言现象,受多方面因素的制约,句法结构、语篇功能、语用功能和认知规律都对回指形式的选择有一定影响。本书篇幅有限,不能面面俱到。在借鉴前人的研究成果基础上,本书以认知语言学相关理论为背景,从多个方面分析回指语选择倾向,是深入到认知层面分析回指现象的一种尝试。当然,笔者能力和经验有限,本书难免有不足之处,有待将来进一步的探索和改进。

本书主张回指形式的选择倾向性和语篇实体的认知状态密切相关,而说话人对认知状态的判断受多方面因素的制约。在此观点的基础上,本书提出了回指语形式选择多因素分析模型,主要从语篇环境、回指语功能、实体自身特征和语言特征四大类因素来分析语篇中回指语的选择倾向。通过多个视角的分析,我们对英汉期刊论文语篇中的回指语选择和分布情况有了较清晰的理解,并对这种选择倾向做出了合理的解释。然而,需要说明的是,语言是一个极为复杂的现象,很难说回指语形式选择分析模型已经穷尽了所有影响说话人选择的因素。事实上,在某些特定语篇环境中,一些不明显的因素可能会变得很重要,从而影响说话人的选择倾向。这也是为何笔者一直强调本书讨论的是回指形式选择的倾向性,而不是必然性。这是本书分析模型的一点局限,笔者认为以后还需要更加深入的研究,特别是结合认知科学最新研究成果,来完善回指形式选择模型,使其分析更为全面和定量化。

除了理论框架的一点局限性,本书在语料选择范围方面也有一些不足。本书的研究对象是英汉学术期刊论文中的回指语,作为平行参照对象的是童话和传说故事中的对应回指语。期刊论文是较有代表性的学术语篇,童话和传说是较有代表性的叙事语篇,但不能说它们就是学术语篇或叙事语篇的全部。此外,为了能更好地观察同一指称对象在语篇中多次出现的过程中说话人是如何选择其表达形式,笔者以关键名词和主要人物回指为代表分析了名词的回指形式。然而有得必有失,这样的选择没有把语篇中所有名词性回指关系中的回指形式纳入分析范围。此外,本书的研究结论是基于本书语料得出的,是否适应于分析其他语料,例如小说语料、新闻语料等等,还有待进一步的研究分析。

本书语料来源

英汉学术期刊论文语料来源

英语社会科学期刊论文语篇(编码为 EH) 15 篇

1. Building cybersecurity awareness: The need for evidence-based framing strategies
   关键名词:Cybersecurity
   (*Government Information Quarterly*, 2017(34):1-7)

2. Digital cultures of political participation: Internet memes and the discursive delegitimization of the 2016 US Presidential candidates
   关键名词:Internet memes
   (*Discourse, Context and Media*, 2017(16):1-11)

3. Digital marketing: A framework, review and research agenda
   关键名词:digital marketing
   (*International Journal of Research in Marketing*, 2017(34):22-45)

4. European cobalt sources identified in the production of Chinese famille rose porcelain
   关键名词:Cobalt
   (*Journal of Archaeological Science*, 2017(80):27-36)

5. Highbrow culture for high-potentials? Cultural orientations of a business elite in the making
   关键名词:cultural taste
   (*Poetics*, 2017(61):39-52)

6. Issues in Supply Chain Management: Progress and potential
   关键名词:Supply Chain Management (SCM)
   (*Industrial Marketing Management*, 2017(62):1-16)

7. Re-imagining ethical leadership as leadership for the greater good
   关键名词:ethical leadership
   (*European Management Journal*, 2017(35):151-154)

8. Technology Adoption and Employment in Less Developed Countries: A Mixed-Method Systematic Review
   关键名词:technology adoption
   (*World Development*, 2017(96):1-18)

9. The role of board gender and foreign ownership in the CSR performance of Chinese listed firms

关键名词：Corporate Social Responsibility（CSR）
（*Journal of Corporate Finance*，2017（42）：75－99）

10. The world price of sentiment risk
关键名词：sentiment
（*Global Finance Journal*，2017（32）：62－68）

11. Actually existing silk roads
关键名词：Afghanistan
（*Journal of Eurasian Studies*，2017（8）：22－30）

12. Film-induced pilgrimage and contested heritage space in Taipei City
关键名词：Film-induced tourism
（*City，Culture and Society*，2017（9）：31－38）

13. Measuring the extent and implications of corporate political connections in prewar Japan
关键名词：political connections
（*Explorations in Economic History*，2017（65）：17－35）

14. Meta-analysis of the effect of road work zones on crash occurrence
关键名词：work zones
（*Accident Analysis and Prevention*，2017（108）：1－8）

15. Protecting the borrower：An experiment in colonial India
关键名词：Dekhan Agriculturists Relief Act（DARA）
（*Explorations in Economic History*，2017（65）：36－54）

英语自然科学期刊论文语篇（编码为 ES）15 篇

1. A survey of active learning in collaborative filtering recommender systems
关键名词：Working memory（WM）
（*Computer Science Review*，2016（20）：29－50）

2. Delayed match-to-sample in working memory：A Brain Map meta-analysis
关键名词：Active Learning
（*Biological Psychology*，2016（120）：10－20）

3. Hyperthermia：Role and Risk Factor for Cancer Treatment
关键名词：Hyperthermia
（*Achievements in the Life Sciences*，2016（10）：161－167）

4. Impact of tracking loop settings of the Swarm GPS receiver on gravity field recovery
关键名词：The Swarm mission
（*Advances in Space Research*，2017（59）：2843－2854）

5. Producing Linked Data for Smart Cities：The Case of Catania
关键名词：smart cities
（*Big Data Research*，2017（7）：1－5）

6. Security and privacy aspects in MapReduce on clouds：A survey
关键名词：MapReduce
（*Computer Science Review*，2016（20）：1－28）

7. Soil physical quality varies among contrasting land uses in Northern Prairie regions
关键名词：soil quality
（*Agriculture，Ecosystems and Environment*，2017（240）：14－23）

8. Sub-acute Ruminal Acidosis（SARA）and its Consequence in Dairy Cattle：A Review of Past and Recent Research at Global Prospective
关键名词：sub-acute ruminal acidosis（SARA）

(*Achievements in the Life Sciences*, 2016(10):187－196)

9. Summary of current research on Central Asian vortex
   关键名词:Central Asian Vortex（CAV）
   (*Advances in Climate Change Research*, 2017(8):3－11)

10. Understanding the effect of laser scan strategy on residual stress in selective laser melting through thermo-mechanical simulation
    关键名词:Selective Laser Melting（SLM）
    (*Additive Manufacturing*, 2016(12):1－15)

11. A human-centric approach to assess daylight in buildings for non-visual health potential, visual interest and gaze behavior
    关键名词:daylight
    (*Building and Environment*, 2017(113):5－21)

12. An optimized power conversion system concept of the integral, inherently-safe light water reactor
    关键名词:integral, inherently safe light water reactor（I2S－LWR）
    (*Annals of Nuclear Energy*, 2017(100):42－52)

13. Bidirectional relationship between time preference and adolescent smoking and alcohol use: Evidence from longitudinal data
    关键名词:Time preference
    (*Addictive Behaviors*, 2017(70):42－48)

14. T cell resistance to activation by dendritic cells requires long-term culture in simulated microgravity
    关键名词:T cells
    (*Life Sciences in Space Research*, 2017(15):55－61)

15. Towards an assessment of adaptive capacity of the European agricultural sector to droughts
    关键名词:adaptive capacity（AC）
    (*Climate Services*, 2017(7):47－63)

汉语社会科学期刊论文语篇(编码为 CH)15 篇

1. 半强制分红政策与中国上市公司分红行为
   关键名词:半强制分红政策
   (经济研究,2014(6):100－114)

2. 大数据驱动的管理与决策前沿课题
   关键名词:大数据
   (管理世界,2014(11):158－163)

3. 大众娱乐中的国家、市场与阶级——中国电视剧的政治经济分析
   关键名词:电视剧
   (清华大学学报(哲学社会科学版),2014(1):26－41)

4. 地方政府竞争、环境规制与区域生态效率
   关键名词:环境规制
   (世界经济,2014(4):88－110)

5. 教育不平等的年代变化趋势——对城乡教育机会不平等的再考察
   关键名词:教育机会不平等
   (社会学研究,2014(2):65－89)

6. 批评话语分析研究最新进展及相关问题再思考
   关键名词:批评话语分析

（外国语,2014(4):88-96)

7. 气候冲击、王朝周期与游牧民族的征服
   关键名词:游牧征服
   (经济学,2014(1):374-393)

8. 性别观念现状及其影响因素——基于第三期全国妇女地位调查
   关键名词:性别观念
   (中国社会科学,2014(2):116-129)

9. 语用学视角下的身份研究——关键问题与主要路径
   关键名词:身份
   (现代外语,2014(5):702-710)

10. 中世纪英格兰农民的土地产权
    关键名词:土地所有权
    (历史研究,2013(4):137-152)

11. 城镇化与服务业集聚——基于系统耦合互动的观点
    关键名词:城镇化
    (中国工业经济,2013(6):57-69)

12. 多维度距离下的中国文化产品贸易
    关键名词:文化产品贸易
    (产业经济研究,2015(5):93-100)

13. 教育分流体制与中国的教育分层
    关键名词:重点学校制度
    (社会学研究,2013(4):179-202)

14. 农村留守儿童家庭功能与问题行为:自我控制的中介作用
    关键名词:留守儿童
    (中国临床心理学杂志,2014(2):319-323)

15. 中国文化产品贸易与文化服务贸易竞争力:对比与趋势
    关键名词:对外文化贸易
    (财贸经济,2013(2):91-100)

汉语自然科学期刊论文语篇(编码为 CS)15 篇

1. 肠道菌群影响宿主行为的研究进展
   关键名词:肠道菌群
   (科学通报,2014(22):2169-2190)

2. 蛋白质相互作用网络功能模块检测的研究综述
   关键名词:蛋白质之间的相互作用
   (自动化学报,2014(4):577-593)

3. 动态系统间歇故障诊断技术综述
   关键名词:间歇故障
   (自动化学报,2014(2):162-171)

4. 光合细菌生物制氢技术研究进展
   关键名词:制氢
   (农业机械学报,2013(6):156-161)

5. 过去2000年中国气候变化研究的新进展
   关键名词:气候变化
   (地理学报,2014(9):1248-1258)

6. 可拓学的应用研究、普及与推广

关键名词:可拓学

（数学的实践与认知,2010(7):214-220）

7. 量子通信现状与展望

关键名词:量子通信

（中国科学:信息科学,2014(3):296-311）

8. 气体等离子体与水溶液的相互作用研究——意义、挑战与新进展

关键名词:水溶液

（高压电技术,2014(10):2956-2965）

9. 养殖鱼类脂肪肝成因及相关思考

关键名词:鱼类脂肪肝

（水产学报,2014(9):1628-1638）

10. 移动互联网研究综述

关键名词:移动互联网

（中国科学:信息科学,2015(1):45-69）

11. 基于 BP 神经网络的中国沿海地区海洋经济系统脆弱性时空分异研究

关键名词:脆弱性

（资源科学,2015(12):2441-2450）

12. 基于白光 LED 的可见光通信研究进展

关键名词:可见光

（半导体光电,2014(1):5-9）

13. 人工智能:概念·方法·机遇

关键名词:人工智能

（科学通报,2017(22):2473-2479）

14. 数字全息技术在生物医学成像和分析中的应用

关键名词:数字全息术

（中国激光,2014(2):1-13）

15. 新型温差能驱动水下滑翔器系统设计

关键名词:水下滑翔器

（船舶工程,2009(3):51-54）

故事语篇语料主要来源

英语故事语篇

1. The Emperor's New Clothes

主要人物:Emperor

2. The Rose Elf

主要人物:Rose Elf

3. The Swineherd

主要人物:Swineherd

4. The Ugly Duckling

主要人物:Ugly Duckling

5. The Little Match Girl

主要人物:Little Match Girl

6. Little Tuck

主要人物:Little Tuck

（安徒生(著),赫尔舒特(译). 安徒生童话全集(英文版)(*The Complete Hans Christian*

Andersen Fairy Tales)〔M〕. 天津:天津社会科学院出版社,2016.)

汉语故事语篇
1. 盘古开天辟地
   主要人物:盘古
2. 女娲造人
   主要人物:女娲
3. 刑天舞干戚
   主要人物:刑天
4. 精卫填海
   主要人物:精卫
5. 伏羲的传说
   主要人物:伏羲
6. 大禹治水
   主要人物:大禹

（段其民(编). 中外神话传说〔M〕. 北京:中国对外翻译出版公司(现中译出版社),2007.)

References

参考文献

[1] Aoun, J. A Grammar of Anaphora [M]. Cambridge, Ma: MIT Press, 1985.

[2] Ariel, M. Givenness Marking [D]. Tel-Aviv: Tel-Aviv University, 1985.

[3] Ariel, M. Referring and accessibility [J]. Journal of Linguistics, 1988(01):65 − 87.

[4] Ariel, M. Accessing Noun-Phrase Antecedents [M]. London and New York: Routledge Press, 1990.

[5] Ariel, M. The function of accessibility in a theory of grammar [J]. Journal of Pragmatics, 1991,16:443 − 463.

[6] Ariel, M. Interpreting anaphoric expressions: a cognitive versus a pragmatic approach [J]. Journal of Linguistics, 1994,01:3 − 42.

[7] Asher, N. Reference to Abstract Objects in Discourse [M]. Dordrecht: Kluwer Academic Publishers, 1993.

[8] Bloomfield, L. Language [M]. London: George Allen & Unwin Ltd, 1933.

[9] Bolinger, D. Language: The Loaded Weapon [M]. London: Longman, 1980.

[10] Brown, G. & Yule, G. Discourse Analysis [M]. Beijing: Foreign Language Teaching and Research Press, 2012.

[11] Caroll, D. W. Psychology of Language [M]. Beijing: Foreign Language Teaching and Research Press, 2000.

[12] Carter, D. Interpreting Anaphora in Natural Language Texts [M]. Chichester: Ellis Horwood, 1987.

[13] Chafe, W. L. Givenness, contrastiveness, definiteness, subjects, topics and point of view [M]//Li. C. N. Subject and Topic. New York: Academic Press, 1976:25 − 56.

[14] Chafe, W. L. Cognitive constraints on information flow [M]//Tomlin R. S. Coherence and Grounding in Discourse. Amsterdam: John Benjamins, 1987:21 − 25.

[15] Chafe, W. L. Discourse, Consciousness and Time [M]. Chicago: University of Chicago Press, 1994.

[16] Chen, P. Referent Introducing and Tracking in Chinese Narrative [D]. Los Angeles: University of California, Los Angeles, 1986.

[17] Chomsky, N. Knowledge of Language: Its Nature, Origin, and Use [M]. New York: Paeger, 1986.

[18] Chomsky, N. Lectures on Government and Binding(5th edition) [M]. Dordrecht: Foris Publications, 1988.

[19] Chomsky, N. The Minimalist Program [M]. Beijing: Foreign Language Teaching and

Research Press, 2008.

[20] Chu, C. C. A Discourse Grammar of Mandarin Chinese [M]. New York: Peter Lang, 1998.

[21] Clancy, M. Referential choice in English and Japanese narrative discourse [M]//Chafe W. The Pear Stories: Cognitive, Cultural and Linguistic Aspects of Narrative Production. Norwood, New Jersey: Alex Publishing Corporation, 1980:127 − 202.

[22] Comrie, B. Some general properties of referent-tracking systems [M]//Arnold D., Atkinson M., Durand J., Grover C, Sadler L. Essays on Grammatical Theory and Universal Grammar. Oxford: Clarendon Press, 1989:37 − 51.

[23] Cornish, F. Anaphoric Relations in English and French: A Discourse Perspective [M]. London: Croom Helm, 1986.

[24] Crystal, D. (ed.). A Dictionary of Linguistics and Phonetics, 4th ed [M]. Oxford: Blackwell Publisher, 1997.

[25] Crystal, D. (ed.). A Dictionary of Linguistics and Phonetics, 6th ed [M]. Oxford: Blackwell Publisher, 2008.

[26] De Beaugrande, R. A., Dressler, W. U. Introduction to Text Linguistics [M]. London and New York: Longman Press, 1981.

[27] Erkü, F., Gundel, J. K. Indirect Anaphora [M]//Verschueren J., Bertuccelli-Papi M. The Pragmatic Perspective: Selected Papers from the 1985 International Pragmatic Conference. Amsterdam: John Benjamins, 1987:533 − 545.

[28] Fauconnier, G. Mappings in Thought and Language [M]. Cambridge: Cambridge University Press, 1996.

[29] Fauconnier, G., Sweetser, E. Spaces, Worlds and Grammar [M]. Chicago and London: The Chicago University Press, 1996.

[30] Fauconnier, G. Ten Lectures on Cognitive Construction of Meaning by Gilles Fauconnier [M]. Beijing: Foreign Language Teaching and Research Press, 2012.

[31] Flowerdew, J. Signalling nouns in discourse [J]. English for Specific Purposes, 2003,22 (4):329 − 346.

[32] Flowerdew, J. & Forest, R. W. 2015. Signalling Nouns in English [M]. Cambridge: Cambridge University Press.

[33] Foley, W., van Valin, R. D. Functional Syntax and Universal Grammar [M]. Cambridge: Cambridge University Press, 1984.

[34] Fox, B. Discourse Structure and Anaphora [M]. New York: Cambridge University Press, 1987.

[35] Francis, G. Anaphoric Nouns [M]. Birmingham: University of Birmingham, 1986.

[36] Francis, G. Labelling discourse: An aspect of nominal-group lexical cohesion [M]// Coulthard M. Advances in Written Text Analysis. London: Routledge, 1994:83-101.

[37] Gee, J. P. An Introduction to Discourse Analysis: Theory and Method [M]. Beijing: Foreign Language Teaching and Research Press, 2000.

[38] Givón, T. Introduction [M]//Givón T. Topic Continuity in Discourse: A Quantitative Cross-Language Study. Amsterdam/Philadelphia: John Benjamins Publishing Company, 1983:5 − 41.

[39] Givón, T. The grammar of referential coherences as mental processing instruction [J]. Linguistics, 1992,(30):5 − 55.

[40] Givón, T. Syntax: An Introduction (Vol. 1&2) [M]. Amsterdam/Philadelphia: John Benjamins Publishing Company, 2001.

[41] Givón, T. Context as Other Minds [M]. Amsterdam/Philadelphia: John Benjamins, 2005.

[42] Grice, P. Logic and conversation [M]//Cole P. , Morgan J. Syntax and Semantics Vol. 3: Speech Acts. New York: Academic Press, 1975:41－58.

[43] Gundel, J. K. "Shared knowledge" and topicality [J]. Journal of Pragmatics, 1985,9:83－107.

[44] Gundel, J. K. , Nancy, H. , Ron, Z. Cognitive status and the form of referring expressions in discourse [J]. Language, 1993,2:274－307.

[45] Gundel, J. K. , Hegarty, M. , Borthen, K. Cognitive status, information structure, and pronominal Reference to clausally introduced entities [J]. Journal of Logic, Language and Information, 2003,12:281－299

[46] Halliday, M. A. K. An Introduction to Functional Grammar [M]. Beijing: Foreign Language Teaching and Research Press, 2000.

[47] Halliday, M. A. K. , Hasan, R. Cohesion in English [M]. London: Longman, 1976.

[48] Halliday, M. A. K. , Hasan, R. Cohesion in English [M]. Beijing: Foreign Language Teaching and Research Press, 2012.

[49] Harley, T. A. The Psychology of Language [M]. London and New York: Psychology Press, 2014.

[50] Huang, Y. A neo-Gricean pragmatic theory of anaphora [J]. Linguistics, 1991,27:301－335.

[51] Huang, Y. The Syntax and Pragmatics of Anaphora [M]. New York: Cambridge University Press, 1994.

[52] Huang, Y. Anaphora: A Cross-linguistic Study [M]. New York: Oxford University Press, 2000.

[53] Huang, Y. Pragmatics [M]. Beijing: Foreign Language Teaching and Research Press, 2012.

[54] Horn, L. R. Toward a new taxonomy of for pragmatic inference: Q-based and R-based implicature [M]//Schiffrin D. Meaning, Form and Use in Context: Linguistic Application. Washington D. C. : Georgetown University Press, 1984:11－42.

[55] Ivanič R. Nouns in search of a context: A study of nouns with both open-and closed-system characteristics [J]. IRAL, 1991,29(2):93－114.

[56] Jackendoff, R. Foundations of Language: Brain, Meaning, Grammar, Evolution [M]. Beijing: Foreign Language Teaching and Research Press, 2010.

[57] Jaszczolt, K. M. Referring Expressions: A Unified Approach [J]. Journal of Foreign Languages(外国语), 2001,2:1－22.

[58] Keenan, E. L. , Comrie, B. Noun Phrase Accessibility and Universal Grammar [J]. Linguistic Inquiry, 1977,1:63－99.

[59] Kibrik, A. A. Anaphora in Russian narrative prose: a cognitive calculative account [M]// Fox B. Studies in Anaphora. Amsterdam/Philadelphia: Benjamins Publishing Company, 1996:255－303.

[60] Kibrik, A. A. Cognitive inferences from discourse observations: Reference and working memory [M]//van Hoek K. , A. A. Kibrik, Noordman L. Discourse Studies in Cognitive Linguistics. Amsterdam/Philadelphia: Benjamins Publishing Company, 1999:29－52

[61] Krahmer, E. , Piewek, P. Varieties of anaphora: Introduction [M]//Krahmer E. , Piewek P. Varieties of Anaphora. Reader ESSLLI 2000, Birmingha, 2000:1－15.

[62] Langacker, R. W. Reference-point constructions [J]. Cognitive Linguistics, 1993(4－1):

1 - 38.

［63］ Langacker, R. W. Grammar and Conceptualization ［M］. Berlin: Mouton de Gruyter, 1999.

［64］ Langacker, R. W. Foundations of Cognitive Grammar (Vol. I) Theoretical Prerequisities ［M］. Beijing: Peking University Press, 2004a.

［65］ Langacker, R. W. Foundations of Cognitive Grammar (Vol. II) Descriptive Application ［M］. Beijing: Peking University Press, 2004b.

［66］ Levelt, W. J. M. Speaking: From Intension to Articulation ［M］. Cambridge: MIT Press, 1993.

［67］ Levinson, S. C. Pragmatics and the grammar of anaphora: a partial pragmatic reduction of Binding and Control phenomena ［J］. Journal of Linguistics, 1987,02:379 - 434.

［68］ Levinson, S. C. Pragmatics ［M］. Beijing: Foreign Language Teaching and Research Press, 2001.

［69］ Li, C. N. & S. A. Thompson. Subject and topic: a new typology of language ［M］//Li C. N. Subject and Topic. New York: Academic Press, 1976:457 - 489.

［70］ Lyons, J. Semantics (vol. II) ［M］. Cambridge: Cambridge University Press, 1977.

［71］ Mann, W. C. , Thompson, S. A. Rhetorical Structure Theory: A Theory of Text Organization ［M］. ISI Reprint Series: ISIIRS - 87 - 190,1987.

［72］ Mann, W. C. & Thompson, S. A. 1992. Rhetorical structure theory and text analysis ［A］. In W. C. Mann & S. A. Thompson (eds.), Discourse Description: Diverse Linguistic Analysis of a Fund-Raising Text ［C］. Amsterdam/Philadelphia: John Benjamins Publishing Company:39 - 78.

［73］ Martin, J. R. English Text: System and Structure ［M］. Beijing: Peking University Press, 2004.

［74］ Mey, J. L. Pragmatics: An Introduction ［M］. Beijing: Foreign Language Teaching and Research Press, 2001.

［75］ Nuyts, J. , Pederson E. (eds.) Language and Conceptualization ［M］. Cambridge: Cambridge University Press, 1997.

［76］ Polanyi, L. The linguistic structure of discourse ［M］.//Schiffrin D. , Tannen D. , Hamilton H. E. The Handbook of Discourse Analysis. Oxford: Blackwell Publisher, 2001: 265 - 281.

［77］ Prince, E. F. Toward a taxonomy of given-new information ［M］//Cole P. Radical Pragmatics. New York: Academic Press, 1981:223 - 255.

［78］ Radford, A. Transformational Grammar ［M］. Beijing: Foreign Language Teaching and Research Press, 2000.

［79］ Reinhart, T. Anaphora and Semantic Interpretation ［M］. London: Croom Helm, 1983.

［80］ Reinhart, T. Anaphora ［M］//Keil W. The MIT Encyclopedia of the Cognitive Sciences. Cambridge, Ma: MIT Press, 1999:20 - 22.

［81］ Schmid, H. English Abstract Nouns as Conceptual Shells: From Corpus to Cognition ［M］. Berlin: De Gruyter, 2000.

［82］ Sperber, D. , Wilson, D. Relevance: Communication and Cognition ［M］. Oxford: Basil Blackwell, 1986.

［83］ Taylor, J. Ten Lectures on Applied Cognitive Linguistics by John Taylor ［M］. Beijing: Foreign Language Teaching and Research Press, 2012.

［84］ Thompson, G. Introducing Functional Grammar ［M］. Beijing: Foreign Language Teaching and Research Press, 2000.

［85］ Tomlin, R. S. Linguistic reflections on cognitive events［M］//Tomlin R. S. Coherence and Grounding in Discourse. Amsterdam/Philadelphia：John Benjamins Publishing Company, 1987：455－479.

［86］ Tomlin, R. S., Pu, M. M. The management of reference in Mandarin discourse［J］. Cognitive Linguistics（Volume 2, Issue 1）,1991：65－95.

［87］ Tomlin, R. S. Referential management in discourse production：Memorial activation and anaphora［M］//Kozen I., Lundquist L. Comparing Anaphors. Copenhagen：Samfundslitteratur Press, 2007：169－191.

［88］ Turner, M. Ten Lectures on Mind and Language by Mark Turner［M］. Beijing：Foreign Language Teaching and Research Press, 2012.

［89］ Ungerer, F., Schmid, H. J. An Introduction to Cognitive Linguistics（2nd Edition）［M］. Beijing：Foreign Language Teaching and Research Press, 2008.

［90］ Van Dijk, T. A.（ed.）Discourse as Structure and Process［M］. London, Thousand Oaks & New Delhi：Sage Publications, 1997.

［91］ Van Hoek, K. Conceptual reference points：A cognitive grammar account of pronominal anaphora constraints［J］. Language, 1995,2：310－340.

［92］ Van Hoek, K. Anaphora and Conceptual Structure［M］. Chicago and London：The Chicago University Press, 1997.

［93］ Van Hoek, K. Cognitive Linguistics［M］.//Keil W. The MIT Encyclopedia of the Cognitive Sciences. Cambridge：Ma. MIT Press, 1999：134－135.

［94］ Verschueren, J. Understanding Pragmatics［M］. Beijing：Foreign Language Teaching and Research Press, 2000.

［95］ Winter, E. O. Towards a Contextual Grammar of English：The Clause and Its Place in the Definition of Sentence［M］. London：George Allen & Unwin, 1982.

［96］ Yule, G. The Study of Language［M］. Beijing：Foreign Language Teaching and Research Press, 2000.

［97］ 蔡基刚.英语写作与抽象名词表达［M］.上海：复旦大学出版社,2003.

［98］ 蔡基刚.洪堡特语言哲学思想视野下的汉语学术期刊走出去研究［J］.浙江大学学报（人文社会科学版）,2017（5）：42－47.

［99］ 陈平.现代语言学研究：理论方法与事实［M］.重庆：重庆出版社,1991.

［100］ 池昌海,曹沸.回指形式选择的修辞制约及其功能［J］.当代修辞学,2012（1）：56－63.

［101］ 高军.英汉下指的对比研究［J］.外国语,2010（1）：32－39.

［102］ 高卫东.语篇回指的功能意义解析［M］.上海：上海交通大学出版社,2008.

［103］ 姜红.陈述、指称与现代汉语语法现象研究［M］.合肥：安徽大学出版社,2008.

［104］ 姜望琪.也谈新格莱斯照应理论［J］.外语教学与研究,2001（1）：29－36.

［105］ 姜望琪.篇章与回指［J］.外语学刊,2006（4）：33－40.

［106］ 韩礼德（Halliday, M. A. K.）.篇章、语篇、信息［J］.北京大学学报（哲学社会科学版）,2011（1）：137－146.

［107］ 何自然,冉永平.关联理论：认知语用学基础［J］.现代外语,1998（3）：92－107.

［108］ 黑玉琴,黑玉芬.抽象名词在英语学术语篇中的评价功能［J］.外语教学,2011（6）：37－41.

［109］ 洪堡特（von Humboldt）（著）.姚小平（译）.论人类语言结构的差异及其对人类精神发展的影响［M］.北京：商务印书馆,1999.

［110］ 胡壮麟.认知与语篇产生［J］.国外语言学,1993（2）：1－6.

［111］ 胡壮麟.语篇的衔接与连贯［M］.上海：上海外语教育出版社,1994.

［112］ 黄国文.语篇分析与话语分析［J］.外语与外语教学,2006（10）：1－6.

[113] 吉洁.学习者英语议论文中主语生命度研究[J].外语电化教学,2015(2):52-58.

[114] 姜峰.中美学生论说文的立场名词表达:基于语料库的对比研究[J].外语与外语教学,2015(5):8-14.

[115] 姜峰.外壳名词的立场建构与人际功能[J].现代外语,2016(4):470-482.

[116] 克里斯特尔(Crystal,D)(编),沈家煊(译).现代语言学词典[M].北京:商务印书馆,2000.

[117] 李晓庆,杨玉芳.语篇中指代词的分布规律与心理机制[J].心理科学进展,2004(1):1-9.

[118] 廖秋忠.廖秋忠文集[M].北京:北京语言学院出版社,1992.

[119] 刘东虹.抽象实体回指中所指歧义的处理策略[J].外语教学理论与实践,2008(4):19-25.

[120] 刘东虹.议论文体中的抽象实体回指研究[M].武汉:华中师范大学出版社,2009.

[121] 刘东虹.书面语篇中的抽象实体回指研究[M].武汉:华中师范大学出版社,2014.

[122] 刘宓庆.新编汉语对比与翻译[M].北京:中国对外翻译出版公司,2006.

[123] 刘宓庆.文体与翻译(第二版)[M].北京:中国对外翻译出版有限公司,2012.

[124] 娄宝翠.基于语料库的研究生学术英语语篇中外壳名词使用分析[J].外语教学,2013(3):46-53.

[125] 鲁忠义.工作记忆与语篇认知研究[M].北京:科学出版社,2013.

[126] 潘宁宇.中美网络新闻标题指称可及性标示对比研究[J].复旦外国语言文学论丛(春季号),2016:63-69.

[127] 石艳华.认知激活框架下的汉语篇章回指研究[M].北京:中国社会科学出版社,2014.

[128] 宋宏.人称代词语篇回指研究[M].北京:国防工业出版社,2010.

[129] 宋柔.汉语篇章广义话题结构的流水模型[J].中国语文,2013(6):483-494.

[130] 王大方.修辞结构框架下的远距离回指研究[J].外语与外语教学,2013(1):31-36.

[131] 王大方.基于语篇实体突显性评估的回指优选解析[J].外语与外语教学,2016a(3):37-47.

[132] 王大方.从回指解析视角探析语篇实体突显性的有效评估[J].外语学刊,2016b(5):68-73.

[133] 王劼.英汉叙事语篇模糊回指的认知及功能研究[D].苏州:苏州大学,2015.

[134] 王军.英汉语篇间接回指[M].北京:商务印书馆,2013.

[135] 王克非.英汉/汉英对应语料库考察[J].外语教学与研究,2003,6:410-416.

[136] 王克非.中国英汉平行语料库的设计与研制[J].中国外语,2012,6:23-27.

[137] 王文斌.论英语的时间性与汉语的空间性——从 Humbolt 的"内蕴语言形式"观谈起[C]//中国英汉语比较研究会第九次全国学术研讨会暨英汉比较与翻译国际研讨会论文集.中国英汉语比较研究会,2010:87-107.

[138] 王文斌.论英语的时间性特质与汉语的空间性特质[J].外语教学与研究,2013a(2):163-173.

[139] 王文斌.论英汉表象性差异背后的时空性:从 Humbolt 的"内蕴语言形式"观谈起[J].中国外语,2013b(3):29-36.

[140] 王文斌.汉英篇章结构的时空性差异:基于对汉语话题链的回指及其英译的分[J].外语教学与研究,2016(5):657-668.

[141] 王文斌,陶衍.高阶英语学习者对线性思维特征习得的实证研究[J].中国外语,2020(4):49-57.

[142] 王义娜.指称的概念参照视点:认知语篇学的探索[M].北京:外文出版社,2006.

[143] 魏在江.英汉语篇连贯认知对比研究[M].上海:复旦大学出版社,2007.

[144] 魏瑞斌.基于关键名词的情报学研究主题分析[J].情报科学,2006(9):1400-1404,

1434.

[145] 温宾利.当代句法学导论[M].北京:外语教学与研究出版社,2002.

[146] 肖若琳,卫乃兴.中西学者学术论文中 N that-cl 型式的语料库对比研究[J].当代外语研究,2017(1):34-41.

[147] 熊学亮、刘东虹.论证文中抽象实体回指的研究[J].四川外国语学院学报,2007(1):75-79.

[148] 熊学亮.语段表征理论和抽象回指[J].复旦外国语言文学论丛(秋季号),2010:53-59.

[149] 徐赳赳.廖秋忠和篇章分析[J].语言研究,1993(1):82-90.

[150] 徐赳赳.现代汉语篇章回指研究[M].北京:中国社会科学出版社,2003.

[151] 徐烈炯.生成句法理论[M].上海:上海外语教育出版社,1988.

[152] 徐盛桓.论荷恩的等级关系[J].外国语,1995(1):11-17.

[153] 许余龙.对比语言学概论[M].上海:上海外语教育出版社,1992.

[154] 许余龙.英汉指称词语表达的可及性[J].外语教学与研究,2000(5):321-328.

[155] 许余龙.语篇回指的认知语言学探索[J].外国语,2002(1):28-37.

[156] 许余龙.语篇回指的认知语言学研究与论证[J].外国语,2003(2):17-24.

[157] 许余龙.篇章回指的功能语用探索:一项基于汉语民间故事和报刊语料的研究[M].上海:上海外语教育出版社,2004.

[158] 许余龙,贺小聃.英汉语下指的篇章功能和语用分析[J].外语教学与研究,2004(6):417-423.

[159] 许余龙.名词短语的可及性与关系化[J].外语教学与研究,2012(5):643-657.

[160] 许余龙.名词短语可及性与篇章回指:以汉语主语属格语为例[J].现代外语,2013a(1):1-9.

[161] 许余龙.溯因推理与篇章回指理解[J].当代修辞学,2013b(1):37-46.

[162] 许余龙.英汉属格语的句法可及性[J].外语教学与研究,2015(5):695-708.

[163] 杨新亮,王亚可.英汉学术语篇比较研究[M].北京:科学出版社,2015.

[164] 约翰·安德森(Anderson, J. R.)(著),秦裕林,程瑶,周海燕,徐钥(译).认知心理学及其启示(第7版)[M].北京:人民邮电出版社,2000.

[165] 朱永生,郑立信,苗兴伟.英汉语篇衔接手段对比研究[M].上海:上海外语教育出版社,2001.

[166] 张德禄,张时倩.回指可及性影响因素的认知心理学研究述评[J].外语学刊,2014(1):30-34.

索 引